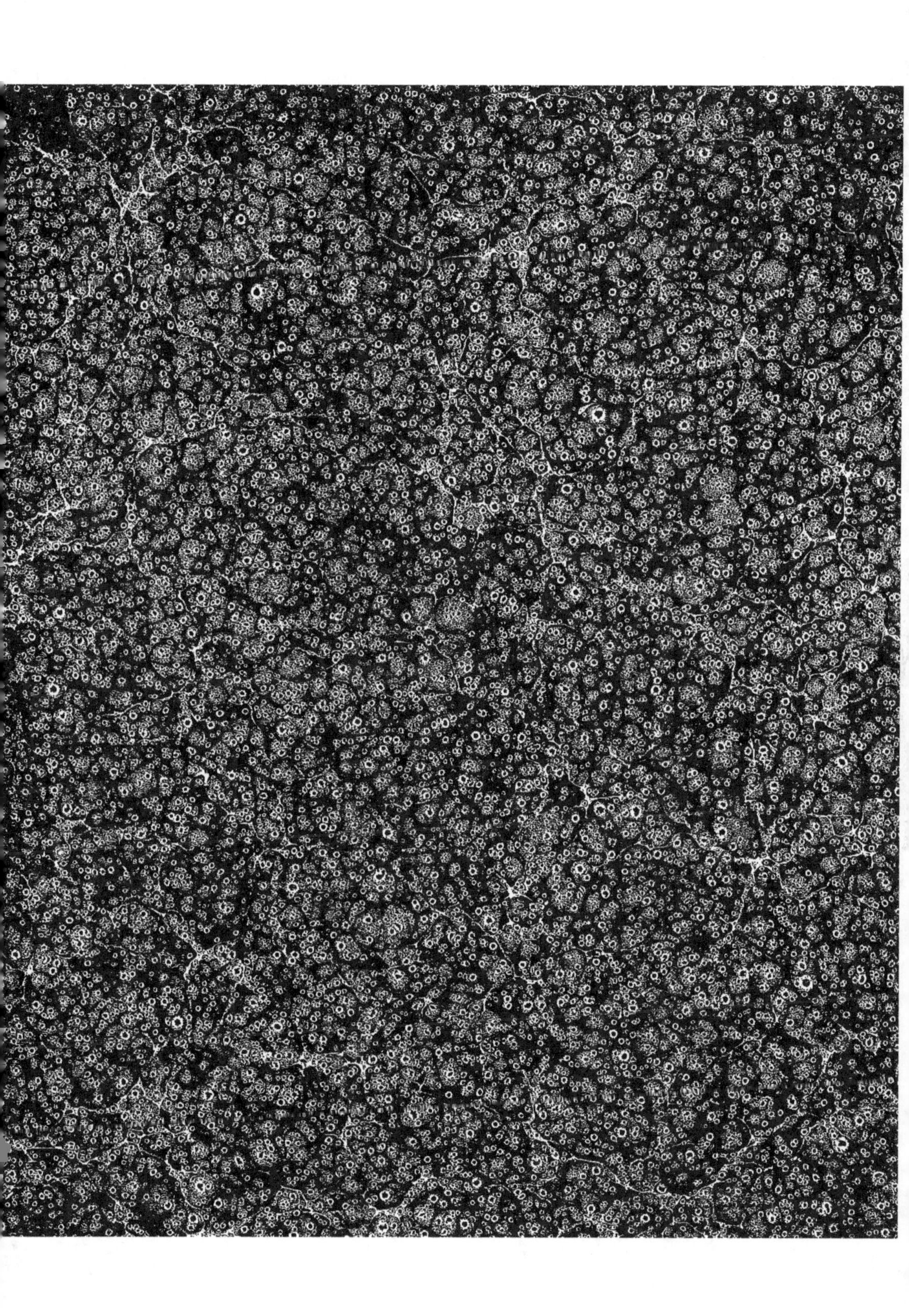

V

NOUVEAU MANUEL

DU

CAPITAINE AU LONG COURS

ET DU

MAITRE AU CABOTAGE.

PARIS. — IMPRIMERIE GERDÈS,
10, RUE SAINT-GERMAIN-DES-PRÉS.

NOUVEAU MANUEL

DU

CAPITAINE AU LONG COURS

ET DU

MAITRE AU CABOTAGE

POUR LEUR SERVIR DE GUIDE EN MATIÈRE D'ASSURANCE MARITIME

PAR

J.-P. BEAUTEMPS

ARMATEUR

PRÉSIDENT DU TRIBUNAL DE COMMERCE DE L'ARRONDISSEMENT D'AVRANCHES

SÉANT A GRANVILLE

Prodesse.

PARIS

Chez A. DURAND, 5, RUE DES GRÈS

CAEN

A LA LIBRAIRIE DU CALVADOS, CHEZ ALFRED BOUCHARD, LIBRAIRE, 119, RUE NOTRE-DAME

1849

AVANT-PROPOS.

Notre préface ne peut être longue, par cette raison fort simple que nous ne visons pas au titre d'auteur, et que, eussions-nous cette prétention, notre modeste position d'armateur pour la pêche de la morue nous rappellerait de suite que c'est tâche à laisser à de plus habiles. Nous croyons cependant ne pouvoir nous dispenser de rendre compte des motifs qui nous ont amené, d'abord à composer cet ouvrage, ensuite à le livrer à la publicité.

Nous avons eu, en 1847, à soutenir contre les assureurs de Paris une action en délaissement de navire. Le bon droit était de notre côté; nous y avions toute confiance, et, malgré cela cependant, nous comprîmes de suite que notre adversaire et digne ami, M. A. Frémery, était trop fort pour nous, et nous jugeâmes prudent de confier notre défense au talent de l'honorable M. Billault. La justice a prononcé en notre faveur, et la Cour d'appel de Paris, adoptant les motifs des premiers juges, a, par arrêt du 6 décembre 1848, confirmé le jugement rendu le 26 juillet 1847 par le Tribunal de Commerce de la Seine. C'est un jugement destiné à faire désormais jurisprudence en matière d'assurance.

Ce procès, qui était le premier, comme il est encore le seul à avoir traversé notre longue carrière commerciale, a été pour nous l'occasion de nombreuses et minutieuses recherches. Nous ne voulions pas seulement convaincre nos juges de la bonté de notre droit, nous voulions être convaincu nous-même et le premier, et nous y sommes parvenu. A cet effet, nous avons lu et étudié tous les jugements et arrêts qui, du 1er janvier 1808 au 31 décembre 1848, ont été rendus en matière d'assurance, et que nous avons trouvés dans les recueils de jurisprudence de MM. Sirey, Roger et Garnier, Patorni et Crémieux, Isidore Clairfond, Lainé et Clérault, et

Lehir. Il est encore d'autres sources où nous aurions pu puiser avec utilité, et au premier rang le *Journal de Marseille;* mais nous n'aurions pu le faire sans grossir démesurément cet ouvrage, qui peut-être pèche déjà par son trop d'étendue.

Notre procès était gagné, mais nous étions resté sous cette pénible impression, c'est que l'insouciance, ou l'ignorance commerciale des capitaines, est la cause première de presque tous les procès d'assurances. Il nous est pénible de le dire, mais il n'est que trop vrai que peu de capitaines possèdent un Code de commerce, que moins encore le lisent et l'étudient, les uns parce qu'ils ne s'en donnent pas la peine, le plus grand nombre parce que leur éducation première ne le leur permet pas ; la plupart sont convaincus que leur Police doit leur tenir lieu de toute érudition, et quand le jour arrive où, par suite de fortune de mer, ils ont besoin de mettre leur responsabilité à couvert, tout est nouveau pour eux : ils apprennent alors, mais aux dépens de leurs armateurs, qui répondent de leurs fautes, même légères, dans l'exercice de leurs fonctions (Code de commerce 216), que cette Police, qu'ils regardaient comme leur évangile, n'est qu'une exception, une dérogation à la loi (Police, art. 28); que leur véritable police, c'est le Code de commerce; que c'est là, et là seulement, qu'il faut aller chercher les véritables principes en matière d'assurance maritime. Malheureusement, c'est une étude qui ne s'improvise pas, et, au-dessus du danger de ne pas lire son Code, il y a un danger plus grand encore, celui de le mal lire.

C'est donc à cette lacune dans l'éducation commerciale de nos capitaines que nous cherchons à remédier aujourd'hui, d'abord en leur rendant littéralement plus facile la lecture de polices que les assureurs semblent s'être fait un jeu de rendre illisibles en les faisant imprimer en caractères microscopiques; ensuite, en mettant en regard des dispositions de ces polices les dispositions du Code de commerce qui en sont la corrélation, et en évitant ainsi aux capitaines de chercher les seules dispositions qu'ils ont besoin de connaître; enfin, en suivant l'ordre de cette même police, quelque peu logique qu'il soit, parce qu'il met en quelque sorte un capitaine à même de reconnaître, par la jurisprudence, le jour même et pour l'espèce où il a besoin de les connaître, les décisions auxquelles ont donné lieu les positions analogues dans lesquelles tel autre capitaine a pu se trouver. En pareille matière, un jugement bien compris nous semble le meilleur guide à donner à un capitaine, parce qu'en commerce particulièrement, il y a souvent identité parfaite entre les espèces.

C'est sous cette impression que nous nous sommes d'abord livré à ce travail, que, dans le principe, nous ne destinions qu'aux capitaines de notre maison de commerce, et ce n'est qu'après que d'indulgents amis, qui connaissaient l'emploi que nous faisions des longues heures de travail que nous laisse la spécialité de notre commerce, nous ont engagé à le compléter et à tâcher de le rendre utile aux capitaines de la marine marchande, que nous nous sommes enfin décidé à le faire imprimer. Si, en cédant à ce conseil, nous rendons un service au commerce maritime, nous serons amplement dédommagé de la peine que ce travail nous aura donnée : nous n'ambitionnons pas d'autre récompense.

Nous avons encore à faire connaître le motif pour lequel nous avons donné la préférence aux conditions imprimées de la police d'assurance maritime de la place de Paris.

Paris est le centre commercial qui fait le plus d'assurances maritimes et qui couvre les plus grands risques sur un même navire ; à ce titre, il aura toujours la préférence des assurés. La police de Paris est textuellement celle de la place de Bordeaux (1), et les polices des places de Marseille, Nantes et le Havre, n'en sont que la répétition ; il n'y a de changé que la disposition des articles, mais toutes les conditions en sont les mêmes ; et, comme preuve de ce que nous avançons, c'est que les assureurs de Paris n'hésitent jamais à recevoir une assurance aux conditions imprimées de telle ou telle place de commerce, selon qu'un assuré en exprime le désir. C'est au choix de ce dernier. Les assureurs ont des agents partout, et ils savent que partout les polices sont les mêmes.

En résumé, notre intention a été de faire un ouvrage qui ne fût pas moins utile aux Assureurs qu'aux Assurés. Nous n'avons adopté aucune opinion, nous les avons toutes données ; et, pour l'homme intelligent et de bonne foi, c'est déjà lui rendre un grand service que de le mettre à même d'être son premier juge. Nous n'avons pas la prétention de nous flatter que nous aurons fermé la porte à tous les procès. A cet égard, assureurs et assurés ne seront toujours que trop habiles à les faire naître quand l'envie leur en prendra ; mais, pour quiconque sera décidé à se rendre à l'évidence, c'est l'évidence que nous croyons lui mettre sous les yeux.

(1) *Mémorial du Commerce et de l'Industrie* (tome III, année 1839, page 77) : « MM. les directeurs des diverses compagnies d'assurance de Paris nous ont priés de publier la police d'assurance qu'ils ont adoptée pour être mise en vigueur à partir du 1er avril 1839. Ils pensent que les compagnies des autres villes *tendront* à rapprocher leurs conventions de celles adoptées ici uniformément pour le plus grand avantage des assurés comme des assureurs. »

C'est à cette *tendance* des assureurs à n'avoir qu'une *police* et une *prime* UNIFORMES (le mot est heureusement trouvé) que nous devons l'arrêt du 16 mai 1845 (Sirey, 45 1 434), par lequel la Cour de cassation a rejeté le pourvoi contre cet arrêt si célèbre de la Cour d'appel de Bordeaux, qui a jugé, le 9 juillet 1844, « que la disposition de l'article 419 du Code pénal, définissant le délit de coalition, s'appliquait à tout ce qui, étant l'objet des spéculations du commerce, a un prix habituellement déterminé par la libre et naturelle concurrence, et notamment aux assurances maritimes. » Cet article punit donc le fait d'avoir opéré la hausse ou la baisse du taux des assurances par les moyens et de la manière qu'il spécifie.

EXPLICATION DES ABRÉVIATIONS.

26 1 400. 23 mai 26. Rejet. Caen, 22 avril 23.

Sirey. Tome 26, première partie, page 400.

Arrêt de la Cour de cassation du 23 mai 1826, qui rejette le pourvoi contre un arrêt rendu le 22 avril 1823 par la Cour d'appel de Caen.

26 2 261. Bordeaux, 27 février 26.

Sirey. Tome 26, deuxième partie, page 261.

Arrêt de la Cour d'appel de Bordeaux du 27 février 1826.

Il n'y a pas eu pourvoi.

G. G. *Annales universelles de la Législation et de la Jurisprudence commerciales,*

par MM. Roger et Garnier.

Pat. *Répertoire de Droit commercial,*

par MM. Patorni et Crémieux.

Mém. *Mémorial du Commerce,*

par MM. Lainé et Clérault.

L. *Annales de la science du Droit commercial,*

par M. Lehir.

INTRODUCTION

A LA POLICE D'ASSURANCE MARITIME

DE LA PLACE DE PARIS.

DU CONTRAT D'ASSURANCE, DE SA FORME ET DE SON OBJET.

CODE DE COMMERCE.

332.

§ 1.

Le contrat d'assurance est rédigé par écrit.

JURISPRUDENCE.

27 1 131   15 février 26. Rejet. Colmar, 2 mars 25.

Une convention d'assurance terrestre peut être établie par des présomptions graves, précises et concordantes, lorsque d'ailleurs il existe un commencement de preuve par écrit.

Mém. 5 571.   Colmar, 26 janvier 41.

La convention d'assurance qui n'est pas constatée par un écrit revêtu de la signature des parties contractantes ne peut produire aucun effet. Il en est, à cet égard, des assurances terrestres comme des assurances maritimes. La convention serait également nulle, bien que constatée par une police, si cette police n'avait été signée qu'après le sinistre, et lorsque le sinistre était connu des parties.

C. de comm., 348 (*Infrà*, police, art. 29).

§ 2.

Il est daté du jour auquel il est souscrit.

§ 3.

Il est énoncé si c'est avant ou après midi.

§ 4.

Il peut être fait sous signature privée.

JURISPRUDENCE.

Une police d'assurance a le caractère d'un contrat synallagmatique lorsque le prix n'en est pas payé comptant : donc, si elle est rédigée sous seing privé, elle doit, à peine de nullité, être faite en autant d'originaux qu'il y a eu de parties ayant un intérêt différent.

§ 5.

Il ne peut contenir aucun blanc.

§ 6.

Il exprime
Le nom et le domicile de celui qui fait assurer, sa qualité de propriétaire ou de commissionnaire,

JURISPRUDENCE.

                    Aix, 7 janvier 43.

                    Bordeaux, 18 février 23.

Dans le droit, il a toujours été de règle que l'assuré fît connaître implicitement ou expressément à l'assureur toutes les circonstances qui pouvaient influer d'une manière sensible sur *l'opinion des risques*, et que l'article 348 du Code de commerce a consacré sur ce point les véritables règles de l'ancienne jurisprudence.

Si anciennement, et lorsque la clause *pour compte de qui il appartiendra* n'était guère pratiquée, suivant Valin, qu'en temps de guerre et pour le cas de chargement simulé, cette clause peut être considérée comme désignant assez la propriété du sujet d'une puissance belligérante, masquée à la faveur d'un nom allié ou neutre: on ne peut plus la regarder comme contenant avertissement implicite, depuis que l'usage général du commerce a été de l'employer dans presque toutes les polices, tant en temps de paix qu'en temps de guerre, soit que la propriété assurée fût française ou étrangère, appartenant à un neutre ou à un belligérant.

                    Aix, 17 juillet 29.

Il est de principe que celui qui a fait assurer peut être considéré comme l'assuré véritable, quoiqu'il déclare agir pour le compte d'autrui.

                    Aix, 5 juillet 33.

L'assureur pour compte de qui il appartiendra est réputé contracter, non-seulement avec le mandataire qui lui présente la police d'assurance, mais encore avec le propriétaire des objets assurés.

                    Bordeaux, 7 juin 36.

Si, d'après le droit commun, le mandataire qui agit en cette qualité n'engage que son mandant et n'est pas obligé personnellement, il en est autrement en matière d'assurance : c'est un principe généralement reconnu « que l'assuré commissionnaire, stipulant pour des personnes dénommées ou pour compte de qui il appartiendra, est personnellement obligé.»L'assuré commissionnaire a qualité pour faire le délaissement et réclamer le paiement de la perte; dès lors, il est juste qu'il soit soumis au paiement de la prime.

                    Aix, 12 mai 41.

Est coupable de négligence, et par suite responsable du montant de l'assurance commise, le commissionnaire qui n'a pas avisé en temps utile le capitaine du motif qui l'a empêché de réaliser entièrement l'assurance dont ce dernier lui avait donné mandat au moment de son départ. Toutefois, le capitaine est non recevable à exiger du commissionnaire le montant de l'assurance, si lui-même a fait faute, et aggravé les risques en prolongeant au delà du temps nécessaire pour le besoin de sa navigation son séjour dans le port de relâche où la tempête a fait périr son navire.

L. 43 52.	Aix, 23 juin 42.
» 44 364.	Marseille, 17 février 43.
» 44 288.	» 10 mars 43.

Le mandat gratuit de faire assurer contenant seulement mention de la somme à assurer et du taux de la prime, et se taisant sur les conditions de l'assurance, laisse au mandataire la faculté d'agir, selon les circonstances, pour le mieux des intérêts du mandant. Celui-ci ne peut se plaindre de ce que l'assurance ait été faite franche d'avaries grosses et particulières, si surtout, avisé de la clause ainsi conçue, il ne l'a pas dès l'abord formellement improuvée. *Infrà*, police, art. 20 et 21.

L. 44 95.	Marseille, 16 avril 43.
» 44 123.	Paris, 19 février 44.
44 1 292. 12 mars 44. Rejet.	Aix, 10 juin 42. Sirey, 42 2 534.

Le commissionnaire qui a été chargé de faire assurer *pour compte*, et qui, après naufrage, a touché le montant de l'assurance, n'est pas personnellement tenu à la restitution de cette valeur aux assureurs, dans le cas où il vient à être constaté que la perte des objets assurés provenait du fait même de l'assuré, en sorte que le montant de l'assurance ne lui était pas dû. Le commissionnaire est, quant à la somme par lui reçue, un simple mandataire ordinaire.

La jurisprudence est peu d'accord sur cette question ; quant aux auteurs, ils présentent la même division. (*Note à consulter.*)

44 1 385. 8 mai 44. Rejet.	Bordeaux, 5 août 40. Sirey, 41 2 524.

Il est admis, en matière d'assurance, que l'*assuré pour compte ou le commissionnaire* a les mêmes droits et est tenu des mêmes obligations que l'assuré. Cette exception aux règles ordinaires du mandat doit être renfermée dans les limites du contrat d'assurance, et le commissionnaire ou l'assuré pour compte a alors le droit d'opposer les échéances et prescriptions particulières relatives à ce contrat.

L. 45 456.	Orléans, 7 janvier 45. *Infrà*, police, art. 24.

§ 7.

Le nom et la désignation du navire,

JURISPRUDENCE.

30 2 181.	Bordeaux, 28 août 29. *Infrà*, police, art. 29.
36 2 111.	» 28 août 39.

La *jauge* d'un navire fixée, quant à sa capacité, ne fait pas obstacle à ce qu'il prenne un poids plus considérable que celui des tonneaux qu'il peut contenir, parce que la jauge est moins relative au poids qu'à l'encombrement du chargement, et que cette différence est constatée par l'usage.

L. 45 90.	Bordeaux, 23 déc. 42.

Lorsqu'un navire est *affrété au tonneau*, avec stipulation que le tonnage sera réglé sur ce que le navire rendra au retour, suivant l'usage du lieu du déchargement, et d'après la quantité et les poids reconnus par la douane, le fret doit être payé à raison du nombre des tonneaux déterminé d'après les bases convenues dans la charte-partie, lors même que ce nombre excéderait la jauge du navire en douane, et les marchandises chargées sur le pont doivent être également comprises dans le tonnage, eu égard à la place qu'elles occupent.

§ 8.

Le nom du capitaine,

§ 9.

Le lieu où les marchandises ont été ou doivent être chargées,

§ 10.

Le port d'où ce navire a dû ou doit partir,

§ 11.

Les ports ou rades dans lesquels il doit charger ou décharger,

§ 12.

Ceux dans lesquels il doit entrer,

JURISPRUDENCE.

6 2 490. Rennes, 18 janvier 6.

Il est de principe, fondé sur les règles générales des obligations conventionnelles et particulières, sur l'article 36, livre III, titre VI, de l'ordonnance de 1681, « qu'il n'est pas permis d'étendre les risques des assureurs au delà de ce qui a été prévu et stipulé; » c'est pourquoi la *faculté de faire échelle* n'emporte point celle de *rétrograder*, lorsque le capitaine n'y est point autorisé par une disposition particulière de la police.

28 2 248. Aix, 18 février 28.

Lorsque, après avoir pris à sa charge tous les risques maritimes quelconques, l'assureur à la grosse a fait assurer la somme prêtée, en spécifiant et précisant les risques dont l'assureur sera garant, l'étendue de la garantie de l'assureur doit être appréciée d'après les expressions de la police d'assurance, et non d'après celles du billet de grosse. Ainsi, la clause de *faire échelle*, de *dérouter*, de *rétrograder*, insérée dans la police d'assurance, est obligatoire contre l'assureur, quoiqu'elle ne soit pas littéralement exprimée dans le billet de grosse, surtout au cas où il s'agit d'un voyage destiné à la pêche de la morue.

La clause de faire échelle, de dérouter et de rétrograder, dans le sens grammatical, suivant la jurisprudence et l'opinion de tous les auteurs qui ont traité cette matière, donne incontestablement au capitaine le droit *d'aller à droite et à gauche, en avant et en arrière*, pourvu qu'il ne perde jamais de vue le but du voyage assuré. *Infrà*, police, art. 20 et 21.

41 2 496. Paris, 9 mars 41.

Le sens de cette expression, *faire échelle*, est bien déterminé par les auteurs. Ils s'accordent à distinguer trois clauses de *rétrograder*, *aller à droite et à gauche* et *faire échelle*. Ils reconnaissent que la seconde clause ne contient pas la première, et que la troisième, la plus restreinte, ne permet au navire que d'entrer dans les ports qui sont immédiatement sur sa route. Il est aussi reconnu que le droit de faire échelle n'autorise pas à remonter les rivières.

L. 45 520. Paris, 4 mars 45.

Lorsque le navire assuré doit faire échelle dans un port intermédiaire, l'assuré qui ne fait pas connaître cette circonstance à son assureur commet une réticence de nature à faire annuler le contrat. Un navire assuré peut aller de Boulogne à Bordeaux, ne peut faire échelle à Brest sans se détourner de sa route.

Infrà, police, art. 29.

§ 13.

La nature et la valeur ou l'estimation des marchandises ou objets que l'on fait assurer,

CODE DE COMMERCE.

357.

Un contrat d'assurance ou de réassurance consenti pour une somme excédant la valeur des effets chargés, est nul à l'égard de l'assuré seulement, s'il est prouvé qu'il y a dol ou fraude de sa part. (336, 359, 380. — Code civil, 1116.)

358.

S'il n'y a ni dol ni fraude, le contrat est valable jusqu'à concurrence de la valeur des effets chargés, d'après l'estimation qui en est faite ou convenue.

En cas de pertes, les assureurs sont tenus d'y contribuer chacun à proportion des sommes par eux assurées.

Ils ne reçoivent pas la prime de cet excédant de valeur, mais seulement l'indemnité de demi pour cent. (359, 360, 401.)

JURISPRUDENCE.

27 2 177.	Aix, 2 juillet 26.

30 2 115.	» 24 mars 30.

34 2 141.	Bordeaux, 20 mai 33.	*Infrà*, police, art. 14 (art. 401, 402).

Pat. 35 140.	» 12 janvier 34.

59 1 358. 8 mai 39. Cass.	Paris, 9 avril 38.

La loi abandonne aux parties le soin d'estimer la valeur des marchandises assurées; elle ne détermine aucune base ou règle générale de leur évaluation, et ne fixe même le mode de leur évaluation que pour le cas où les polices n'ont pas déterminé cette valeur: si donc il n'y a ni dol ni fraude, le contrat est valable jusqu'à concurrence de la valeur des effets chargés d'après l'estimation qui en est faite ou convenue.

Mém. 4 165.	Marseille, 9 janvier 40.

L'évaluation donnée par l'assuré dans la police d'assurance, et acceptée par l'assureur, ne lie pas tellement celui-ci qu'il soit non recevable à en demander la réduction, si elle est exagérée.

L'évalution exagérée des marchandises assurées ne suffit pas pour établir le dol ou la fraude de la part de l'assuré, ayant pour effet d'annuler le contrat d'assurance à son égard, surtout si, dans le cours de l'instance introduite par suite du délaissement fait par l'assuré, celui-ci réduit sa demande à la valeur réelle des marchandises.

Suprà, Aix, 2 juillet 26.

§ 14.

Les temps auxquels les risques doivent commencer et finir,

Infrà, police, art. 5 et 6.

§ 15.

La somme assurée,

§ 16.

La prime ou le coût de l'assurance,

JURISPRUDENCE.

7 2 1120.   14 janvier 6. Rejet. Rouen.

2   131.   28   »   7. Rejet. Bordeaux, 26 mars 6.

La prime d'assurance d'un navire, stipulée en temps de paix pour le cas éventuel de guerre, pendant la navigation du navire assuré, est due par le fait seul de la déclaration de guerre pendant cette navigation, encore que le navire assuré soit parvenu à sa destination avant que la déclaration de guerre ait pu y parvenir.

8 2 8.   Rouen, 5 décembre 7.

L'assurance sur le navire et la cargaison est faite pour la conservation de la chose, et le principe est que « la prime est le prix du risque que courent les assureurs à cette fin; » ainsi, le privilége par eux réclamé sort de la nature même du contrat, et est conforme aux règles du droit en matière de collation de deniers.

Ordonnance de 1681, livre III, titre vi, art. 6.
Code de commerce, 191, § 10.

23 1 138.   8 janvier 23. Cass. Poitiers, 8 février 20.   *Infrà,* police, art. 22.

§ 17.

La soumission des parties à des arbitres, en cas de contestation, si elle a été convenue,   Code de proc., 1006 et suiv.

JURISPRUDENCE.

48 2 381.   Paris, 7 décembre 47.   Affaire Morel.

La clause d'une police d'assurance portant que les arbitres appelés à juger les contestations à naître entre la compagnie et les assurés devront prendre pour base de leurs décisions un ouvrage ou *Manuel* publié par un des assureurs, est nulle, comme contraire à l'ordre public, et cette nullité entraîne celle du compromis.

§ 18.

Et généralement toutes les autres conditions dont les parties sont
convenues. (79, 81, 191 et suiv., 334 et suiv., 337 et suiv., 341,
342, 347 et suiv., 357 et suiv., 361, 432, 434, 435 et suiv., 633.
— Code civil, 1317, 1322.)

JURISPRUDENCE.

26 1 156.   3 août 25.   Rejet.   Rennes, 24 février 23.

Les clauses des contrats d'assurance doivent sans doute
s'observer avec rigueur, mais elles admettent une interprétation conforme aux principes de la justice et de la bonne foi, si elles présentent des motifs d'incertitude.

Code civil, 1317, 1322.

CODE DE COMMERCE.

347.

§ 1.

Le contrat d'assurance est nul, s'il a pour objet
Le fret des marchandises existant à bord du navire,
Code civil, 1338.

JURISPRUDENCE.

32 1 321.   5 juin 32.   Rejet.   Rennes 25 mai 31.

Cette disposition du Code, renouvelée de l'ordonnance de
1681, est d'ordre public; elle a été prise dans les intérêts généraux du commerce maritime, et dès
lors il ne peut y être valablement dérogé par des conventions particulières. Un acte nul de nullité
absolue ne peut se valider par aucun consentement, et sa rectification ne serait qu'une illégalité
de plus.

L. 44 276.   Bordeaux, 2 avril 44.

Quoique les assurances sur fret soient nulles, le coassocié
n'est pas fondé à rejeter de son compte sa part contributive dans les primes d'une pareille assurance, si la prime a été payée de bonne foi par son assuré, et surtout si l'assurance a été ainsi
contractée de son consentement.

§ 2.

Le profit espéré des marchandises,

JURISPRUDENCE.

G. G. 27 351.   Aix, 17 août 27.   Infrà, police, art. 15 (403), § 6.

» » 27 424.   Bordeaux, 9 avril 27.

Si l'article 347 défend de faire assurer le profit espéré, cet
article est sans application au cas où l'assureur, parfaitement informé de la nature de la chose
assurée, et sachant que le prix se composait de plusieurs éléments divers, a consenti, sans fraude
pratiquée à son égard, à le fixer par une estimation amiable.

Aux termes de l'article 358, s'il n'y a ni dol ni fraude, le contrat est valable, non-seulement jusqu'à concurrence des effets chargés, mais encore suivant l'estimation qui en est faite ou qui a été convenue. La convention faite sans fraude sur la valeur de la chose est, suivant cet article, la règle irrévocable des parties.

36 2 111.　　　　　　　Bordeaux, 20 août 35.

39 2 273.　　　　　　　Paris, 7 mai 39.

Lorsque, dans une police d'assurance pour un voyage d'aller, il est convenu que l'assuré pourra relâcher dans tout autre port que celui de destination, si ce dernier port est interdit au commerce, c'est là une faculté dont l'assuré peut user ou non; en conséquence, il lui est loisible, s'il le juge plus convenable, de retourner au port de départ; et, dans ce dernier cas, l'assureur est tenu, non-seulement d'indemniser l'assuré de la dépréciation de la marchandise pendant le voyage, mais encore *du préjudice résultant de l'expédition manquée*, et de lui rembourser le fret d'aller; mais la prime de l'assurance ne doit pas être restituée.

Infrà, police, art. 1, § 3.

Mém. 5 158.　　　　　　　Aix, 6 janvier 41.

La clause *vaille plus, vaille moins*, insérée dans une police d'assurance, dispense l'assuré de toute justification sur la valeur du risque; mais elle ne met point obstacle à ce que l'assureur prouve que l'estimation est entachée d'exagération, et demande par suite la réduction de l'assurance.

L'assurance peut même être annulée, encore bien qu'il n'y ait eu de la part de l'assuré aucune manœuvre pour déterminer l'assentiment donné par les assureurs à l'évaluation de la police, si l'excès d'évaluation est tel qu'il ne puisse être considéré comme le résultat d'une erreur, et qu'il atteste au contraire chez l'assuré l'intention de se faire garantir *un bénéfice espéré considérable*.

§ 3.

Les loyers des gens de mer,

250 et suiv.

§ 4.

Les sommes empruntées à la grosse,

Infrà, police, art. 19.

§ 5.

Les profits maritimes des sommes prêtées à la grosse. (318, 319, 334, 365.)

JURISPRUDENCE.

42 1 216.　9 février 42. Rejet. Aix, 7 janvier 39.

La différence entre l'estimation dans la police des objets assurés et leur prix inférieur, d'après le cours au lieu de destination, ne constitue pas *le profit espéré* énoncé dans l'article 347; il n'y a en effet, dans le sens de cet article, de profit espéré dont l'assurance soit prohibée, que, lorsqu'au prix d'achat et aux droits et frais accessoires mentionnés dans l'article 339, on ajoute une plus-value représentant le bénéfice ou le profit que l'on espère se procurer par la vente des choses assurées, après leur heureuse arrivée.

Infrà, police, art. 12, § 2.

<table>
<tr><td>

POLICE.

Article 1er.

Les assureurs prennent à leurs risques tous dommages et pertes provenant de

> Tempête,
> Naufrage,
> Échouement,

§ 2.

Abordage fortuit,

</td><td>

CODE DE COMMERCE.

350.

Sont aux risques des assureurs toutes pertes et dommages qui arrivent aux objets assurés par

> Tempête,
> Naufrage,
> Échouement,

(*Infrà Police*, articles 12 et 13.)

§ 2.

Abordage fortuit,

</td></tr>
</table>

Code de Commerce.

407.

En cas d'abordage de navires, si l'événement a été purement fortuit, le dommage est supporté sans répétition par celui des navires qui l'a éprouvé.

Si l'abordage a été fait par la faute de l'un des capitaines, le dommage est payé par celui qui l'a causé.

S'il y a doute dans les causes de l'abordage, le dommage est réparé à frais communs, et par égale portion, par les navires qui l'ont fait et souffert.

Dans ces deux derniers cas, l'estimation du dommage est faite par experts.

216, 221, 350, 435. — C. civil, 1148, 1149, 1382.

JURISPRUDENCE.

16 1 215. 5 messid. 15. Rejet, Poitiers.

Toute demande en indemnité, à raison d'abordage, doit être formée dans les vingt-quatre heures du dommage reçu, si l'accident arrive dans un port, rade ou autre lieu où le maître du navire puisse agir. A cet égard, il n'y a pas à distinguer entre le cas où l'abordage a entraîné la perte entière du navire et celui où il n'a causé qu'un simple dommage. (C. de commerce, 435, 436.)

26 2 115. Aix, 31 décembre 24. *Infrà*, police, 14.

31 2 259. Bordeaux, 17 mars 30.

Presque tous les écrivains qui ont fait des commentaires, soit sur l'ordonnance de 1681, soit sur notre Code de commerce, s'accordent à définir l'abordage « le heurt de deux vaisseaux, quel que soit le motif du choc. » Si, laissant de côté les commentateurs, on consulte le texte de la loi, la lecture de l'article 407 du Code de commerce démontre aussitôt qu'il faut que deux vaisseaux se heurtent pour qu'il y ait abordage. Cela résulte d'abord de ce que, dans l'article, le mot *navires* est au pluriel; d'où cette conséquence, que le législateur n'a point eu en vue le choc d'un navire contre un corps quelconque. Ensuite, l'article 407 disant que, « si l'événement a été fortuit, le dommage est supporté sans répétition par celui des navires qui l'a éprouvé, tandis que, si l'abordage a été fait par l'un des capitaines, le dommage est payé par celui qui l'a causé, » il devient évident de plus que, là où deux navires ne se sont pas heurtés, là peut se trouver l'échouement, mais non pas un abordage.

32 2 547. — Rennes, 3 août 32.

33 1 840. 7 juillet 33. Rejet. Rennes, 6 juin 33.

Lorsque deux navires ayant, l'un le vent arrière, et l'autre le vent au plus près, se trouvent naviguant dans une direction telle qu'ils peuvent se rencontrer en un point d'intersection, c'est à celui de ces navires qui a le vent arrière à prendre toutes les précautions nécessaires pour éviter l'abordage. A défaut de quoi, si l'abordage a lieu, il est responsable des dommages résultant de cet abordage.

34 1 797. 19 mars 34. Rejet. Bordeaux, 31 juillet 32. C. de comm., 435, 436.

Mém. 2 317. — Marseille, 1er août 38.

Lorsque deux navires se présentent pour entrer dans un port qui est de difficile accès, le plus éloigné doit attendre que le plus proche ait défilé, et que le passage soit devenu libre; et, s'ils s'abordent, le dommage est à la charge du dernier venu. Ce principe doit s'appliquer avec plus de rigueur aux bateaux à vapeur qui peuvent, au gré de leur capitaine, arrêter ou accélérer leur marche.

Indépendamment du dommage matériel causé par l'abordage, le capitaine par la faute duquel le dommage est arrivé doit supporter les salaires et la nourriture de l'équipage pendant le temps des réparations; il est également tenu à une indemnité à raison du temps perdu : il faut toutefois déduire de ce temps le nombre de jours qui auraient été nécessaires au capitaine abordé, alors même que l'abordage n'aurait point eu lieu, pour débarquer la cargaison et remettre à la voile.

41 2 79. — Rouen, 24 novembre 40.

L'action en réparation de dommages causés par un abordage est de la compétence du tribunal de commerce le plus voisin du lieu où le sinistre est arrivé, et non de celui du domicile du défendeur.

42 2 148. — Aix, 16 juin 41. *Compétence.*

Mém. 6 121. — Bordeaux, 31 août 41.

Le dommage dont parle l'article 407, § 3, du Code de commerce, qui doit être réparé à frais communs par les navires qui ont fait et souffert un abordage, s'entend, non-seulement du dommage matériel, mais encore du préjudice résultant du chômage pendant le temps des réparations : en conséquence, le propriétaire du navire qui a essuyé l'avarie a droit de réclamer contre le propriétaire de l'autre navire la moitié des dépenses de réparation et la moitié de la somme à laquelle est estimée la perte résultant du chômage.

Mém. 6 209. — Rouen, 2 mars 42.

L'impossibilité d'agir que prévoit l'article 435 ne résulte pas de ce que l'abordage a eu lieu un dimanche, ni de ce qu'aucun huissier ne réside dans le lieu du sinistre, si d'ailleurs le capitaine abordé a pu en trouver un à une distance peu considérable.

L. 43 175. 13 déc. 42. Rejet. Rouen, 6 février 41. *Étrangers. — Compétence.*

<table>
<tr><td>

§ 3.

Relâches forcées,
Changements forcés

De route,
De voyage et
De vaisseau,

</td><td>

§ 3.

Relâches forcées,
Changements *forcés*

De route,
De voyage *ou*
De vaisseau,

</td></tr>
</table>

CODE DE COMMERCE.

351.

Tout changement de route, de voyage ou de vaisseau, et toutes pertes et dommages provenant du fait de l'assuré, ne sont point à la charge de l'assureur; et même la prime lui est acquise, s'il a commencé à courir les risques. (361, 364, 391.)

361.

Si l'assurance a lieu divisément pour des marchandises qui doivent être chargées sur plusieurs vaisseaux désignés, avec énonciation de la somme assurée sur chacun, et si le chargement entier est mis sur un seul vaisseau, ou sur un moindre nombre qu'il n'en est désigné dans le contrat, l'assureur n'est tenu que de la somme qu'il a assurée sur le vaisseau ou sur les vaisseaux qui ont reçu le chargement, nonobstant la perte de tous les vaisseaux désignés; et il recevra néanmoins demi pour cent des sommes dont les assurances se trouvent annulées. (351, 392.)

364.

L'assureur est déchargé des risques, et la prime lui est acquise, si l'assuré envoie le vaisseau en un lieu plus éloigné que celui qui est désigné par le contrat, quoique sur la même route.

L'assurance a son entier effet, si le voyage est raccourci. (351, 361, 391.)

392.

L'assureur court les risques des marchandises chargées sur un autre navire, dans le cas prévu par l'article précédent (391), jusqu'à leur arrivée et leur déchargement. (351, 361.)

JURISPRUDENCE.

7 2 789. 27 janvier 08. Rejet. Rouen.

Lorsqu'en prenant la plus longue route, on s'écarte de celle qui est tracée par la police d'assurance, les assureurs sont par cela seul dégagés des risques qui peuvent résulter de cette déviation. (27 et 36 du titre 6, livre 3, de l'ordonnance de 1681.)

29 2 180   Bordeaux, 3 février 29.

L'article 351 et le premier paragraphe de l'article 364 du Code de commerce proclament à l'envi que l'assureur est déchargé des risques, si le vaisseau est envoyé par l'assuré dans un lieu plus éloigné que celui désigné par le contrat, ou s'il y a eu *changement* de route, de voyage ou de vaisseau. Si le second paragraphe de l'art. 364 énonce que l'assurance a son entier effet lorsque le voyage est *raccourci*, il faut donner à ces expressions, *voyage raccourci*, le sens que leur attribuaient l'usage, l'opinion des auteurs et la décision même du tribunal de commerce. Le voyage raccourci auquel s'applique le second paragraphe de l'article 364 est celui que fait l'assuré, lorsque, sans s'écarter de la ligne des risques que lui a tracée la police, il les termine plus tôt qu'ils ne l'auraient été si le contrat avait reçu son exécution.

33 2 318.   Bordeaux, 29 janvier 33. *Décision conforme. — Jugé en fait.*

39 1 41. 17 décembre 38. Rej. Paris, 16 août 37.   *Décision conforme.*

Le contrat d'assurance maritime est, par la nature des opérations qui en sont l'objet, un contrat essentiellement aléatoire, de droit étroit, et qui doit être interprété d'après les clauses formellement stipulées dans les conventions des parties. Il n'est pas permis de changer les conditions de l'assurance et la position de l'assureur sans son consentement, ni de lui faire courir d'autres risques que ceux auxquels il s'était soumis. On ne peut l'obliger à discuter les causes mêmes des innovations apportées au contrat, et il est justement autorisé à se renfermer dans sa rigoureuse exécution.

39 2 273. Paris, 7 mai 39. *Supra*, art. 347.

Mém. 4 262. Bordeaux, 6 janvier 40.

Les avaries essuyées par un navire, après un changement de route déterminé par le blocus du port de destination, doivent être supportées par les assureurs, encore bien que la police les exempte de tous risques de guerre et d'hostilités, si d'ailleurs elle met à leur charge les pertes provenant de changements forcés de route ou de voyage.

L'interdiction du commerce n'altère en rien le contrat d'assurance, lorsqu'elle est survenue depuis que le risque est commencé. *Infrà*, police, art. 2.

L. 45 92. Havre, 17 juin 43.

Lorsque, par suite de l'innavigabilité d'un navire en cours de voyage, un capitaine est obligé, pour transporter sa cargaison au lieu de destination, d'affréter un navire étranger, l'excédant des droits perçus par la douane, à raison de ce changement de pavillon, est à la charge des assureurs.

Mém. 8 337. Seine, 25 août 43.

L'assureur ne peut exciper du défaut de connaissement contre l'assuré, à la fois chargeur de la marchandise et propriétaire du navire. Dans cette position, en cas de transbordement sur un autre navire de ce chargement par suite du sinistre, l'assureur ne peut établir la moyenne du fret sur des données incertaines et sur un bénéfice présumé par le capitaine; de plus, il doit supporter les conséquences de l'affrétement d'un autre navire par le capitaine pour le transport de la cargaison et celles de la vente au lieu de destination, effectuée pour la réexportation par suite de changement de pavillon.

45 2 231. Paris, 23 mai 44.

Lorsque, dans une police d'assurance, il a été stipulé que l'assuré aurait la faculté de transborder sa marchandise assurée sur un autre navire, à son choix, si, ce transbordement opéré, l'assuré a désigné par erreur, dans la déclaration qu'il en a faite à l'assureur, un navire autre que celui sur lequel sa marchandise a été réellement transbordée, l'assureur n'est pas responsable de la perte de la marchandise arrivée sur ce navire, ou de la contribution aux avaries qu'elle est obligée d'y subir.

§ 4. § 4.

Jet, *Jet,*

Code de Commerce.

410.

Si, par tempête ou par la chasse de l'ennemi, le capitaine se croit obligé, pour le salut du navire, de jeter en mer une partie de son chargement, de couper ses mâts ou d'abandonner ses ancres, il prend l'avis des intéressés au chargement qui se trouvent dans le vaisseau, et des principaux de l'équipage.

S'il y a diversité d'avis, celui du capitaine et des principaux de l'équipage est suivi. (241.) Loi du 10 avril 1825, art. 15.

229.

Le capitaine répond également de tout le dommage qui peut arriver aux marchandises qu'il aurait chargées sur le tillac de son vaisseau sans consentement par écrit du chargeur. (222, 230, 236, 239, 421.)

Cette disposition n'est point applicable au petit cabotage.

421.

Les effets chargés sur le tillac du navire contribuent s'ils sont sauvés.

S'ils sont jetés, ou endommagés par le jet, le propriétaire n'est point admis à former une demande en contribution : il ne peut exercer son recours que contre le capitaine. (229.)

JURISPRUDENCE.

28 2 71.

Bordeaux, 21 novembre 27.

L'article 229 du Code de commerce, qui rend le capitaine responsable des dommages arrivés aux marchandises qu'il aurait chargées sur le tillac de son vaisseau, sans le consentement par écrit du chargeur, porte que cette disposition n'est pas applicable au petit cabotage. Si l'article 421 n'admet pas le propriétaire des marchandises ainsi chargées et jetées à la mer, ou endommagées par le jet, à former une demande en contribution et ne lui réserve son recours que contre le capitaine, cette disposition ne peut être entendue qu'avec l'exception faite par l'article 229 ; autrement, ce serait supposer dans la loi une contradiction et une injustice, puisqu'elle aurait accordé au chargeur contre le capitaine au petit cabotage un recours dont elle affranchit expressément ce dernier, et qu'elle laisserait ainsi le chargeur sans action contre personne, quoique ses marchandises eussent péri pour le salut commun, et qu'elles eussent été chargées sur le tillac du navire sans son consentement.

Mém. 3 135.

Alger, 6 novembre 38.

Le jet à la mer des câbles, grelins et drisses de réserve que le capitaine a fait placer sur le pont, est une avarie particulière au navire.

Lorsque l'affréteur de la totalité du navire est convenu avec le capitaine de charger des marchandises sur le tillac, le jet à la mer des marchandises ainsi placées est une avarie commune.

Infrà, police, art. 14, § dernier.

41 2 174.

Bordeaux, 6 décembre 38.

Les dunettes dont certains navires sont pourvus ne doivent pas, quant à la surveillance et à la conservation des marchandises, être assimilées au tillac. Ainsi, le capitaine ne peut être déclaré responsable de la perte des effets et des valeurs déposés dans sa dunette, comme il le serait s'il les eût placées sur le tillac.

41 2 175.

Bordeaux, 13 janvier 41. Même jurisprudence. — *Infrà*, police, art. 14, § dernier.

Mém. 5 361.

Aix, 4 mars 41.

Le capitaine de navire qui, dans un voyage de petit cabotage, charge des marchandises sur le tillac, contrairement aux stipulations du connaissement, est responsable des dommages arrivés aux marchandises. Mais il en est autrement du jet à la mer de ces marchandises pour le bien et le salut communs. Ce jet constitue une avarie commune, à raison de laquelle le chargeur n'a d'autre action que celle en contribution dans le règlement d'avaries communes. Le chargeur n'a même pas le droit de répéter contre le capitaine, à titre d'indemnité, la différence entre la somme qu'il reçoit, par suite du règlement d'avaries, et celle représentative de la valeur réelle de ses marchandises.

45 1 648. 20 mai 45. Rejet. Alger, 15 avril 44.

L'article 421 du Code de commerce est fondé sur ce que le capitaine qui charge les marchandises sur le tillac commet une faute à laquelle le propriétaire de ces marchandises est censé s'associer en ne réclamant pas contre ce mode périlleux de chargement. Cette faute ne peut retomber sur les autres chargeurs qui ont tenu la main à ce que leurs marchandises fussent régulièrement chargées; dès lors il était raisonnable que le législateur considérât l'avarie comme ne pouvant donner lieu qu'à une action contre les chargeurs dont les effets ont été jetés et le capitaine. Mais la disposition de l'article 421, si générale qu'elle paraisse au premier coup d'œil, ne saurait être étendue au petit cabotage, puisque, d'après l'article 229, le tillac est dans ce cas un lieu régulier de chargement. Par suite, si les marchandises chargées sur le tillac viennent à être jetées, bien qu'on puisse se prévaloir alors des présomptions légales qui dominent dans l'article 421, ces présomptions sont nécessairement détruites par l'impossibilité d'attribuer à la faute du capitaine, ou autre, l'avarie éprouvée, et à leur place s'élève la preuve évidente que le jet a eu lieu pour le salut commun. Si l'article 421 devait être appliqué au petit cabotage, il en résulterait que les chargeurs dont les marchandises auraient été sacrifiées n'auraient ni action contre les autres chargeurs, à cause de l'article 421, ni action contre le capitaine, à cause de l'article 229; résultat inadmissible et contraire à toutes les idées de justice, d'équité et de légalité. Une jurisprudence contraire à ce qui vient d'être exposé porterait une atteinte funeste au petit cabotage, si utile aux intérêts commerciaux; de plus, elle serait en opposition avec les usages maritimes les plus anciens et les plus respectables, et sanctionnés, du reste, d'une manière formelle par l'article 229.

46 2 326.   Bordeaux, 2 février 46.

Le jet des marchandises chargées sur le tillac, du consentement du propriétaire, pour un voyage de grand cabotage, ne constitue pas une avarie commune à laquelle doive contribuer la moitié du navire et du fret. (421.)

Le consentement donné par le propriétaire de ces marchandises au chargement sur le tillac lui ôte aussi tout droit de recours contre le capitaine, et il est obligé de payer sans retenue le fret des marchandises jetées. (229.)

Les assureurs n'ont aucun droit à contribution, par suite du jet, ni un recours contre le capitaine, et ils doivent payer intégralement le dommage éprouvé, s'ils ont eux-mêmes consenti ce que l'assuré autorisât le capitaine à charger sur le tillac.

§ 5.

Feu,

§ 5.

Feu,

JURISPRUDENCE.

22 2 271.   Aix, 10 décembre 21.

Le contrat d'assurance est synallagmatique et produit des obligations réciproques. Dès lors, si l'assureur s'oblige envers l'assuré de le garantir et indemniser des fortunes de mer, prenant ainsi le péril sur soi et se chargeant de l'événement, il doit trouver les garanties les plus étendues et les plus positives pour connaître si cet événement ne serait pas le résultat de la fraude ou de quelque faute. C'est dans ce but que tout capitaine est tenu (242) d'exposer dans son rapport toutes les circonstances remarquables de son voyage, les hasards qu'il a courus, les désordres arrivés dans le navire. Cette obligation lui est prescrite, non-seulement dans l'intérêt de la navigation, mais par rapport encore à sa responsabilité, puisque cette responsabilité, qui s'applique même aux fautes légères, ne cesse que par la preuve d'obstacles de force majeure. (221, 230.)

La conséquence d'une telle obligation est d'exposer aussi les faits qui, dans son opinion, ont produit ou pu produire l'événement de force majeure, puisque la preuve des faits contraires est réservée aux parties. (247.)

Ces détails doivent avoir lieu surtout lorsque le sinistre est l'événement du feu, puisque le feu qui incendie sur mer un navire peut provenir, ou du ciel, ou de l'ennemi, ou d'une faute intérieure, ou du vice propre de la chose, et que, dans ces alternatives, l'incertitude doit être d'autant plus éclairée.

52 1 259.   4 janvier 52. Rejet. Aix, 4 avril 29.

A défaut par le capitaine d'un navire assuré, détruit en mer par un incendie, d'avoir fait connaître la cause de l'incendie, cette cause doit être réputée provenir de la faute du capitaine. Il n'y a point présomption, en ce cas, que le sinistre soit arrivé par fortune de mer. Par suite, la perte du navire et des objets assurés n'est point à la charge des assureurs. (350, 353, 383, 384.)   *Infrà*, police, art. 24.

44 1 200.   20 fév. 44.   Rejet.   Aix, 19 décembre 58.

Le capitaine n'est pas responsable de l'incendie arrivé à son bord par l'effet de matières inflammables contenues dans des caisses qu'il y a chargées, lorsque ces matières inflammables ne lui ont pas été déclarées par le chargeur, et qu'il est reconnu en fait qu'il n'a ni su, ni pu savoir, que les caisses contenaient des matières inflammables, et qu'il les a chargées avec tous les soins dus à leur contenu déclaré.

44 2 294.   Paris, 27 mars 44.

L'incendie d'un navire arrivé par la faute du capitaine qui, ayant reconnu des symptômes de feu à bord, n'en a pas moins continué de naviguer, bien qu'il se trouvât dans des parages où il eût pu relâcher aussitôt, n'est pas une fortune de mer, mais une baraterie de patron. Dès lors, les assureurs qui n'ont pas garanti la baraterie de patron ne sont pas responsables de la perte du navire.

44 2 293.   Rouen, 3 mai 44.

Le fait d'incendie ne constitue pas lui-même une force majeure qui dispense le capitaine de toute responsabilité; il faut encore que cet incendie ne puisse être attribué à sa faute ou à sa négligence.

Si, dans certains cas, le capitaine peut et doit indiquer la cause directe de l'incendie, il serait injuste d'exiger de lui cette preuve, lorsque, par la force des choses, elle est impossible. Dans ce cas, tout ce qu'on peut lui demander, c'est qu'il établisse qu'il n'y a pas eu faute ou négligence commise, soit par lui-même, soit par les gens de son équipage.

<table>
<tr><td>

§ 6.

Pillage.

Captures et Molestations de pirates,

</td><td>

§ 6.

Prise,

Arrêt par ordre de puissance,
Déclaration de guerre,
Représailles,

</td></tr>
</table>

CODE DE COMMERCE.

279.

Dans le cas de blocus du port pour lequel le navire est destiné, le capitaine est tenu, s'il n'a des ordres contraires, de se rendre dans un des ports voisins de la même puissance où il lui sera permis d'aborder.

387.

En cas d'arrêt de la part d'une puissance, l'assuré est tenu de faire la signification à l'assureur, dans les trois jours de la réception de la nouvelle.

Le délaissement des objets arrêtés ne peut être fait qu'après un délai de six mois de la signification, si l'arrêt a eu lieu dans les mers d'Europe, dans la Méditerranée ou dans la Baltique ;

Qu'après le délai d'un an, si l'arrêt a eu lieu en pays plus éloigné.

Ces délais ne courent que du jour de la signification de l'arrêt.

Dans le cas où les marchandises arrêtées seraient périssables, les délais ci-dessus mentionnés sont réduits à un mois et demi pour le premier cas, et à trois mois pour le second cas. (373, 374. — C. de procéd.; 1033.)

388.

Pendant les délais portés par l'article précédent, les assurés sont tenus de faire toutes diligences qui peuvent dépendre d'eux, à l'effet d'obtenir la main-levée des effets arrêtés.

Pourront, de leur côté, les assureurs, ou de concert avec les assurés, ou séparément, faire toutes démarches à même fin.

395.

En cas de prise, si l'assuré n'a pu en donner avis à l'assureur, il peut racheter les effets sans attendre son ordre.

L'assuré est tenu de signifier à l'assureur la composition qu'il aura faite, aussitôt qu'il en aura les moyens. (369, 396, 400.)

Infrà, police, art. 2.

JURISPRUDENCE.

5 2 86. 8 germinal 13.

Avis du Conseil d'État relatif à la compétence des tribunaux en matière de primes à payer par les assurés à raison des risques de guerre.

19 1 234. 11 août 18. Rejet. Aix, 17 juin 17.

Il ne faut pas confondre le cas de prise par rapport au fret avec celui relatif aux assureurs ; le fait seul de la prise étant un sinistre par rapport aux effets assurés, donne lieu à l'abandon contre les assureurs et subroge ceux-ci aux droits des assurés, quel que soit ou puisse être le jugement qui interviendra sur la validité ou l'invalidité de la prise, au lieu que, par rapport au fret dû par la cargaison au navire, il n'y a pas eu prise, quand cette prise a été déclarée invalide, et que la restitution en a été ordonnée.

37 1 74. 11 février 33. Rejet. Montpellier, 22 avril 20.

Le capitaine, ou les affréteurs d'un navire, ne peuvent être rendus responsables de la perte de ce navire pris par l'ennemi, sous prétexte que cette perte n'a pas été constatée dans les formes voulues par la loi, lorsque d'ailleurs le fait de la prise est reconnu constant. Dans le même cas, les propriétaires du navire et les propriétaires des marchandises chargées ne peuvent réclamer, ni le fret du navire, ni le prix des marchandises.

36 1 363. 4 mai 36. Rejet.

Le délaissement d'un navire par l'assuré, au cas de prise et confiscation par un gouvernement étranger, opère transport de la propriété du navire au profit des assureurs, comme aussi de l'indemnité qui peut être ultérieurement accordée à raison de cette prise, sans qu'il soit besoin, pour que les assureurs se trouvent saisis à l'égard des tiers, qu'il y ait eu notification du transport au gouvernement qui doit payer l'indemnité.

Ici ne s'appliquent pas les articles 1689 et 1690 du Code civil.

Mém. 5 64.　　　　　　　　Paris, 25 novembre 39.

Bien qu'il ait garanti les risques de guerre, ainsi que toutes les conséquences qui pourraient en résulter, l'assureur, en cas de retour forcé de la marchandise assurée au lieu du départ, par suite du blocus du port de destination, n'est pas cependant tenu de la *dépréciation morale* subie par cette marchandise. On ne peut mettre à sa charge que les avaries matérielles et les frais extraordinaires de retour.

Infrà, police, art. 14, § dernier.

L. 47 221.　　　　　　　　Rouen, 27 février 46.

Le capitaine qui a reçu un chargement pour Montevideo et Buenos-Ayres, c'est-à-dire pour Buenos-Ayres touchant à Montevideo, et qui a été empêché par suite d'un décret du gouvernement de Buenos-Ayres, et parce qu'il a touché à Montevideo, d'opérer le débarquement à Buenos-Ayres, n'a pas dû nécessairement reporter au port du départ les marchandises dont il était chargé, lors même qu'une partie des destinataires aurait exigé ce retour. Il a pu, notamment, après que l'entrée de Buenos-Ayres lui a été refusée, revenir débarquer, selon le vœu d'une partie des destinataires de Buenos-Ayres, toutes ses marchandises destinées pour Buenos-Ayres à Montevideo, même les marchandises des destinataires qui exigeaient le retour au port de destination, surtout s'il s'y est fait autoriser par le consul de France. L'on ne saurait lui opposer qu'il n'aurait dû, aux termes de l'article 279, opérer ce débarquement que dans un port voisin de Buenos-Ayres, et de la même puissance.

En cas de force majeure s'opposant ainsi à l'exécution de la charte-partie, et en l'absence de toute disposition réglant sa conduite, le capitaine n'est soumis à d'autres règles que celles de la prudence et des intérêts dont il est chargé; et, s'il s'est guidé d'après les circonstances et par les conseils et l'assistance des autorités françaises du lieu, les chargeurs ne peuvent le rendre responsable, ni des retards apportés au débarquement, ni de la détérioration qui en est survenue pour les marchandises.

L. 46 344 et 507.　　　　　　Seine, 8 juin et 16 juillet 46.

48 2 442.　　　　　　　　Rouen, 27 février 47.　　　*Jurisprudence conforme.*

48 2 225.　　　　　　　　Paris, 27 novembre 47.

L'interdiction de ses ports faite par une puissance aux navires neutres qui auraient touché les ports d'une puissance avec laquelle elle est en guerre, rentre dans les cas de *molestation de puissance* prévus par une police d'assurance, et donne par conséquent lieu au paiement des indemnités stipulées. Cette molestation ne peut être assimilée à une interdiction absolue de commerce, dans le sens de l'article 276 du Code de commerce, et dès lors elle ne donne pas lieu à la résolution, sans dommages-intérêts, des conventions intervenues entre le chargeur et le propriétaire du navire.

La disposition de l'art. 291 du C. de comm. ne peut être invoquée du moment où le navire est arrimé, expédié en douane, et attendant la marée. Lorsque le propriétaire des marchandises embarquées, puis ramenées au port d'embarquement, par suite d'un fait de force majeure garanti par la police d'assurance, les a expédiées sans avoir fait constater la dépréciation qu'elles ont pu subir pendant le voyage, il est déchu du droit de réclamer de l'assureur une indemnité à raison de cette dépréciation.　　　　　*Infrà*, police, art. 12, § 2.

La garantie des suites d'un retard, par l'effet de force majeure, dans l'arrivée des marchandises assurées au port de destination, ne comprend point la garantie des intérêts du prix de ces marchandises pendant la durée du retard.

3

§ 7.

Baraterie de patron.

CODE DE COMMERCE.

353.

L'assureur n'est point tenu des prévarications et fautes du capitaine et de l'équipage connues sous le nom de *baraterie de patron,* s'il n'y a convention contraire. (216, 221, 258.) Loi du 10 avril 1825.

JURISPRUDENCE.

25 1 28.   7 juillet 24. Cass.   Bordeaux, 10 août 22.

Les soins et précautions à prendre dans l'arrimage d'une cargaison entrent dans les fonctions du capitaine; de sorte que le défaut de soins et de précautions, causant la perte totale ou partielle de la cargaison, doit être réputé baraterie de patron.

G. G. 26 435.   9 août 26. Réj. Rennes, 16 juin 25.

En droit, il résulte de la combinaison des articles 221, 228 et 230 du Code de commerce que, du moment où la marchandise est sur le bord, elle passe, à moins de stipulation contraire, sous la surveillance immédiate du capitaine. Cette partie de l'exercice de ses fonctions consiste principalement à employer, pour la conservation de la marchandise contre les accidents de la navigation, toutes les précautions prescrites par l'usage du commerce ou par les connaissances nautiques, usages et connaissances dont un capitaine ne peut alléguer l'ignorance. C'est par suite de ce principe salutaire que les capitaines sont astreints à surveiller le placement et l'arrimage des marchandises à leur bord, selon la nature de ces marchandises elles-mêmes, et selon les accidents probables de la navigation, et à continuer jusqu'au débarquement les mêmes soins et la même surveillance.

29 2 267.   Bordeaux, 2 juin 29.   *Marchandises donnant droit à une prime.*

34 2 80.   Bordeaux, 23 nov. 30.

Le vendeur de marchandises qui a promis de les faire assurer avant de les expédier, s'il néglige de remplir sa promesse, est soumis à toutes les obligations auxquelles aurait été assujetti l'assureur. (C. civil, 1383.)

Pat. 31, 208 du vol. 2.   Poitiers, 24 juin 31.

Lorsque l'assureur a garanti à la fois, et le chargement et la baraterie de patron, il a le droit de faire constater les causes de l'accident arrivé, même avant le paiement du montant de l'assurance, pour faire déclarer, s'il y a lieu, le capitaine responsable des avaries.   *Infrà,* police, art. 22 et 24

L'assureur et le capitaine ne sont pas responsables des avaries qui proviennent du fait du consignataire ou propriétaire de la marchandise, lorsque, par exemple, le navire a chaviré au lieu où l'assuré l'a fait placer.

Pat. 32, 23 du vol. 2.   Bordeaux, 18 mai 32.

Les assureurs qui ont garanti la baraterie de patron sont responsables des fautes du capitaine, lors même que ce dernier réunit à sa qualité celle de *subrécargue* de l'armateur.   *Infrà,* police, art. 27.

34 1 233.   17 avril 34. Rejet. Paris, 18 juin 33.

En droit, du rapprochement des articles 1352 du Code civil, 225, 228 et 230 du Code de commerce, il résulte

1° Qu'à la différence de la présomption *juris et de jure,* c'est-à-dire de la présomption sur le fondement de laquelle la loi, en annulant certains actes, et en déniant l'action en justice, n'admet aucune preuve pour établir le contraire, la simple présomption de la loi *juris* ne fait que dispenser de toute preuve celui au profit duquel elle existe;

2° Que l'article 228 du Code de commerce, en cas de contravention à l'obligation imposée au capitaine par l'article 225 de faire visiter son navire avant de prendre charge, n'annule aucun acte, ni ne dénie action en justice; mais seulement, en présumant le mauvais état du navire au moment du départ, il rend le même capitaine responsable de tous les événements envers les intéressés au navire et au chargement, et il n'élève par là qu'une simple présomption de la loi *juris* contre le même capitaine, dont par conséquent la responsabilité cesse par la preuve d'événements et d'obstacles de force majeure.

38 1 421.	26 mars 38. Cass. Guadeloupe.	*Connaissement. — Responsabilité.*
L. 45 19.	Aix, 20 mars 39.	*Défaut de réparation. — Baraterie de patron.*

Infrà, police, art. 22.

L'assureur qui a pris à sa charge la baraterie de patron et les avaries qui en résultent est tenu d'indemniser l'assuré de la rupture du voyage résultant du fait de baraterie, bien que les objets assurés n'en aient éprouvé aucun dommage matériel, et que le dommage consiste seulement dans la différence estimative entre la valeur des marchandises au jour du chargement et le produit de la vente qui en a été faite par suite de la baraterie.

44 1 388.   14 mai 44. Rejet.   Rennes, 2 juin 41.

44 2 201.   Bordeaux, 4 déc. 43.   *Infrà*, police, art. 12, § 2.

§ 8.

et généralement de tous accidents et fortunes de mer.

§ 8.

et généralement par toutes les autres fortunes de mer.

JURISPRUDENCE.

Mém. 8 252.   Orléans, 5 mars 44.

Par ces expressions, « cas fortuit ou force majeure, » la loi a entendu parler de tout événement que l'homme ne peut ni prévoir ni empêcher, et il faut éviter de confondre avec la force majeure les accidents qui sont le résultat de la faute ou de la négligence et qu'on aurait pu prévenir avec plus de prévoyance.

POLICE.

ARTICLE 2.

Les risques de guerre ne sont à la charge des assureurs qu'autant qu'il y a convention expresse. Dans ce cas, il est entendu qu'ils répondent de tous dommages et pertes provenant de

Guerre,

Hostilités,

Représailles,

Arrêts, Captures et Molestations de gouvernements quelconques, amis et ennemis, reconnus et non reconnus,

et généralement de tous accidents et fortunes de guerre.

Suprà, police, art. 1, § 6.

CODE DE COMMERCE.

335.

§ 2.

L'assurance peut être faite, en temps de paix ou en temps de guerre, avant ou pendant le voyage du vaisseau.

350, § 6.

POLICE.

ARTICLE 3.

§ 1.

*Les assureurs sont exempts de tous dommages
et pertes provenant du*   •

Vice propre de la chose;

CODE DE COMMERCE.

326.

Les déchets, diminutions et pertes qui arri—
vent par le *vice propre de la chose*, et les dom—
mages causés par le fait de l'emprunteur, ne sont
point à la charge du prêteur.

(103, 324 et suiv.)

352.

Les déchets, diminutions et pertes qui arri—
vent par le *vice propre de la chose*, et les dom—
mages causés par le fait et faute des propriétaires,
affréteurs ou chargeurs, ne sont point à la charge
des assureurs.

369.

§ 6.

Le délaissement des objets assurés peut être
fait,

En cas de perte ou détérioration des effets
assurés, si la détérioration ou la perte va au
moins à trois quarts.

(*Infrà*, police, art. 12, § 2.)

JURISPRUDENCE.

1 695.   Bordeaux, 9 fructidor 8.

L'innavigabilité d'un navire survenue pendant le voyage
n'est pas à la charge des assureurs, si elle provient du *vice du navire*; elle n'est à leur charge
qu'autant qu'elle a eu lieu par fortune de mer.

6 2 935.   25 mars 06. Rejet.   Bordeaux.   (225, 230.)

28 2 155.   Bordeaux, 1er mars 28.

Lorsque le navire a été visité avant son départ, et qu'il a
été reconnu être en état de supporter la navigation, c'est aux assureurs à prouver que l'innavigabilité survenue dans le voyage provenait du *vice propre du navire*; la présomption est qu'elle a été
le résultat des accidents de mer.   *Infrà*, police, art. 24.

De ce que les experts ont pensé qu'un navire coûterait trop cher à réparer, attendu son extrême
vétusté, et que, par ce motif, il devait être déclaré innavigable, il ne s'ensuit pas que l'innavigabilité doive être regardée comme provenant du *vice propre du navire*, s'il est reconnu en même temps
que, sans les accidents de mer éprouvés par le navire, il eût pu se rendre au lieu de sa destination.
En ce cas donc, l'abandon ou délaissement du navire par l'assuré peut être admis. (225, 352, 369.)

41 2 551.   Bordeaux, 24 nov. 40.

La présomption de navigabilité résultant du défaut de
visite au départ cesse d'avoir lieu, si, dans la traversée, le navire fait relâche pour recevoir des
réparations, et si une nouvelle visite n'a pas eu lieu avant le départ du lieu de relâche. Dans ce cas,

la perte survenue après le départ du lieu de relâche ne doit pas être réputée provenir d'un cas fortuit, et peut être imputée au *vice propre du navire.*

Infrà, police, art. **14,** § 9.

41 1 226. 2 décembre 40. Rej. Bordeaux, 19 nov. 39.

42 2 149. Bordeaux, 10 janv. 42.

48 2 444. Rouen, 9 février 47. Lorsque, par suite du séjour prolongé d'un navire dans un
port de relâche, une marchandise, *susceptible par sa nature de se détériorer d'elle-même,* a éprouvé
une détérioration, le dommage doit être considéré comme provenant, *non point d'une fortune de
mer,* mais du *vice propre de la chose,* bien que la relâche du navire ait été forcée par les événements
de mer.

44 2 200. Paris, 21 décembre 45. L'attrait que peut avoir la marchandise assurée pour certains animaux destructeurs, tels que les rats, ne peut être considéré comme un *vice propre de la
chose,* à la charge de l'assuré : le dommage arrivé dans ce cas doit, au contraire, être considéré
comme une *fortune de mer,* à la charge des assureurs. Du reste, en supposant que le dommage dût
être attribué à la faute du capitaine, cette faute constituerait un fait de *baraterie de patron,* dont
par suite seraient responsables les assureurs qui ont pris ces sortes de dommages à leur charge.

§ 2.

*de Captures, Confiscations et
événements quelconques provenant de Contrebande
ou de commerce prohibé ou clandestin;*

348.

Infrà, police, art. **29.**

JURISPRUDENCE.

27 2 219. Aix, 9 janvier 27. La circonstance qu'un navire est destiné à *faire la contrebande* n'est pas de nature à diminuer l'opinion des risques, dans le sens de l'article 348. En conséquence, la réticence de l'assuré sur ce point n'annule pas l'assurance.

35 1 804. 25 mars 35. Rejet. Aix, 30 août 33. La contrebande est un vice commun à toutes les nations;
c'est une sorte de guerre constante que les nations se livrent, même dans les temps de paix réelle,
par suite des diverses prohibitions que les gouvernements établissent sur les marchandises; cette
position détermine alors un droit de représailles que l'on exerce réciproquement. Ainsi, *la contrebande à l'étranger* n'est pas un risque de mer. Donc, si l'objet assuré périt par suite de la contrebande, c'est par son vice propre; dès lors, la contrebande reste étrangère à l'assurance, et ne peut
influer sur l'opinion du risque, puisque les assureurs n'en sont pas tenus.

Mém. 8 231. Aix, 23 juin 43. Le capitaine n'est pas responsable de la perte de colis saisis
comme contenant des marchandises prohibées, lorsque les chargeurs lui ont laissé ignorer cette
circonstance. Dans le même cas, la saisie ou la confiscation ne peuvent être mises à la charge des
assureurs comme étant une fortune de mer.

1. 44 567. Marseille, 19 octobre 43. La clause de la police qui affranchit les assureurs du risque
de la contrebande ne peut s'appliquer qu'au cas où l'assuré est lui-même chargeur des marchandises prohibées. Si la saisie n'est occasionnée que par suite de la présence à bord de marchandises

autres que celles de l'assuré, le fait de cette saisie constitue, quant à l'assuré, une prévarication du capitaine, et est à la charge de l'assureur qui a pris à ses risques la baraterie de patron. Les chargeurs de marchandises prohibées ne seraient pas responsables des suites de cette saisie vis-à-vis des autres chargeurs; cette responsabilité ne pourrait tomber que sur le capitaine.

§ 3.

de la Baraterie de patron ayant le caractère de dol (1) ou de fraude, mais seulement à l'égard des armateurs, des propriétaires de navires ou de leurs ayants droit, lorsque le capitaine est de leur choix;

enfin

de tous frais quelconques de:

Quarantaine,

d'Hivernage

et de Jours de planche,

Suprà, police, art. 1, § 7.

353.

Suprà, police, art. 1, § 7.

Loi du 10 avril 1835. Art. 11 et suiv.

JURISPRUDENCE.

36 1 817. 16 septembre 36.

Le complice du crime de baraterie est punissable, comme l'auteur principal, de la même peine.

36 1 817. 17 septembre 36.

Les peines portées par la loi du 10 avril 1825 contre tout capitaine, maître, patron ou pilote, pour crime de baraterie, seront applicables à celui qui, sans être revêtu d'aucun de ces titres, aurait été momentanément appelé à en remplir la fonction et les devoirs, et se serait, dans de telles circonstances, rendu coupable de l'un des crimes prévus par cette loi.

La fausse déclaration faite sous la foi du serment par les gens de l'équipage d'un navire naufragé, devant le juge auquel le capitaine fait son rapport sur le naufrage du navire et ses causes, constitue le crime de faux témoignage en matière civile. (Code de commerce, 226, 247.)

POLICE.

ARTICLE 4.

Dans les assurances à terme, les assureurs sont exempts, sauf convention contraire, des risques du Sénégal, en toutes saisons, et de ceux de la mer Noire, de la Baltique et des mers du Nord au delà de Dunkerque, du 1er octobre au 1er avril.

CODE DE COMMERCE.

(1) Code civil, article 1116.

« Le dol est une cause de nullité de la convention lorsque les manœuvres pratiquées par l'une des parties sont telles, qu'il est évident que, sans ces manœuvres, l'autre partie n'aurait pas contracté.

« Il ne se présume pas, et doit être prouvé. »   (Code civil, 1117, 2268. — Code pénal, 405, 423.)

POLICE.

ARTICLE 5.

§ 1.

*Les risques sur facultés courent du moment de
leur embarquement et finissent au moment de leur
mise à terre, au lieu de destination.*

CODE DE COMMERCE.

274.

Si le temps de la charge et de la décharge du
navire n'est point fixé par les conventions des
parties, il est réglé suivant l'usage des lieux.
(C. civil, 1159.)

328.

§ 2.

A l'égard des marchandises, le temps des risques court du jour qu'elles ont été chargées dans
le navire, ou dans les gabares pour les y porter,
jusqu'au jour où elles sont délivrées à terre.

341.

Si le contrat d'assurance ne règle point le
temps des risques, les risques commencent et
finissent dans le temps réglé par l'article 328,
pour les contrats à la grosse.

JURISPRUDENCE.

Mém. 6 507. Rouen, 15 mars 42.

L'*usage*, pour être obligatoire, aux termes de l'article 1135
du Code civil, doit être un usage général et non un usage local.

Infrà, police, art. 14, § 2.

§ 2.

*Les risques de transport par alléges et gabares
de terre à bord ou de bord à terre, dans les ports,
rades et rivières de chargement et de déchargement,
ainsi que tous transbordements au Havre ou à
Honfleur pour monter à Rouen, sont toujours à la
charge des assureurs.*

JURISPRUDENCE.

L. 45 334. Marseille, 15 déc. 45.
L. 47 57. Marseille, 6 juin 45.

Les dispositions des polices d'assurance portant, d'une part,
que les transbordements sur alléges sont à la charge de l'assureur, et, d'autre part, que, lorsqu'il
y a *division par séries*, chaque série forme un capital distinct et séparé, ne peuvent être combinées
de manière à donner à l'assuré la faculté de diviser le chargement en autant de séries qu'il y a de
parties transbordées. La division du capital assuré en séries, prévue par une des clauses imprimées
de la police, n'est obligatoire pour l'assureur qu'autant qu'elle est réglée dans la police au moment
de la signature du contrat. Par suite, l'assuré dont une partie de la marchandise a été transbordée
et ensuite perdue, dans le naufrage de l'allége où elle avait été placée, est non recevable à l'encontre
de l'assureur qui est franc d'avarie, soit à faire délaissement de la partie perdue, soit à répéter la
perte par action d'avarie.

§ 3.

En cas d'assurance à prime liée ou à terme, les risques continuent sur les objets substitués aux premiers (1) et provenant de leur vente ou de leur échange, jusqu'à concurrence de la somme assurée, et sauf justification de leur valeur et de leur mise en risque, en cas de sinistre ou d'avarie.

Infrà, police, art. 24.

POLICE.

ARTICLE 6.

Les risques sur corps courent du moment où le navire commence à embarquer des marchandises, ou, à défaut, du moment où il a démarré, et cessent cinq jours après qu'il a été ancré ou amarré au lieu de sa destination, à moins que le déchargement n'ait été achevé plus tôt, ou qu'il n'ait embarqué des marchandises pour un autre voyage avant l'expiration de ces cinq jours.

332.

§ 13.

Le contrat d'assurance exprime la nature et la valeur ou l'estimation des marchandises ou objets que l'on fait assurer.

336.

En cas de fraude dans l'estimation des effets assurés, en cas de supposition ou de falsification, l'assureur peut faire procéder à la vérification et estimation des objets, sans préjudice de toutes autres poursuites, soit civiles, soit criminelles. (316, 348, 357, 380. — Code civil, 1116. — Code pénal, 146, 405.)

348.

Infrà, police, art. 29.

357.

Un contrat d'assurance ou de réassurance consenti pour une somme excédant la valeur des effets chargés, est nul à l'égard de l'assuré seulement, s'il est prouvé qu'il y a dol ou fraude de sa part. (336, 359, 380. — Code civil, 1116.)

383 et 384.

Infrà, police, art. 24.

CODE DE COMMERCE.

328.

§ 1.

Si le temps des risques n'est point déterminé par le contrat, il court, à l'égard du navire, des agrès, apparaux, armements et victuailles, du jour où le navire a fait voile jusqu'au jour où il est ancré ou amarré au port ou lieu de sa destination.

341.

Suprà, police, art. 5.

---

(1) C'est par application de ce principe qu'il est dit dans nos polices sur armements de pêche : « Les objets composant l'armement de pêche assurés pour . . . . pourront être remplacés, pendant et après chaque voyage, soit par des produits de pêche, soit par du sel et des ustensiles nouvellement embarqués, soit par d'autres facultés échangées contre les produits, ou achetées sur les fonds provenant de la vente de ces produits, la valeur sur armement étant toujours représentée à bord, sans que les parties puissent exiger de ristourne. »

JURISPRUDENCE.

31 2 262.   Bordeaux, 6 déc. 30.

Lorsque, dans une police d'assurance, il a été stipulé que « le temps du risque continuerait pendant un certain nombre de jours après l'arrivée du navire, » ce temps du risque est suspendu pendant la durée d'un voyage que le navire, après son arrivée au port de sa destination, est obligé de faire pour réparer les avaries éprouvées pendant le premier voyage; il ne reprend son cours qu'à compter du retour du navire au lieu de sa destination.

42 2 52.   Paris, 16 février 41.

L'article 328, applicable aux assurances comme aux contrats à la grosse (341), porte bien que « si le temps des risques n'est point déterminé par le contrat, il court, à l'égard du navire, des agrès, apparaux, armement et victuailles, du jour que le navire a fait voile, jusqu'au jour où il est ancré ou amarré au port ou lieu de sa destination; » mais il est manifeste que cet article ne peut être appliqué que dans le cas où les parties n'ont rien stipulé sur le temps du risque. Si, au contraire, elles sont convenues dans la police de fixer ultérieurement le point de départ de ce temps, elles se sont mises en dehors des termes de l'article 328, en soumettant l'exécution de la police à une sorte de condition suspensive, et ne peuvent recourir à des dispositions par lesquelles elles n'ont pas voulu être régies.

48 2 630.   Paris, 20 mai 48.

Lorsque l'assurance d'un navire a été faite sur les dernières nouvelles qui en avaient été reçues, et qui apprenaient qu'à cette époque le navire était encore dans le lieu du départ (grand banc de Terre-Neuve), prêt à appareiller, si le navire ne reparaît plus, il y a présomption qu'il a péri depuis son départ, et par conséquent, après le commencement des risques, et non dans le lieu même où les dernières nouvelles ont constaté sa présence. Par suite, la perte du navire est à la charge des assureurs.

POLICE.

ARTICLE 7.

Les risques de quarantaine sont à la charge des assureurs au lieu de la destination. Si le navire va faire quarantaine ailleurs, il est payé une augmentation de prime d'un pour cent par mois sur corps, et de trois quarts pour cent sur facultés, depuis le jour du départ jusqu'à celui du retour.

POLICE.

ARTICLE 8.

En cas d'assurance à prime liée pour un voyage au delà des caps Horn et de Bonne-Espérance, il est accordé au capitaine six mois de séjour, à compter du jour où il aura abordé au premier port où il doit commencer ses opérations. Il n'est accordé que quatre mois pour les autres voyages. A l'expiration de ces termes, chaque mois de séjour

CODE DE COMMERCE.

POLICE.

en sus donne lieu à une augmentation de prime de
trois quarts pour cent, par mois, jusqu'à la fin
du douzième mois. Dès lors les assureurs sont dé-
chargés de tous risques et ont droit aux deux tiers
de la prime liée fixée par la police, plus, à l'augmentation de prime résultant de la prolongation
du séjour.

ARTICLE 9.

Dans tous les cas où le calcul des primes se fait
par périodes mensuelles ou autres, toute période
commencée est comptée comme finie.

ARTICLE 10.

Si l'assurance est faite sur navires indéterminés,
l'assuré est tenu de faire connaître le nom des navires, au plus tard,

dans le délai de six mois,

pour les voyages au delà des caps Horn et de
Bonne-Espérance ;

dans quatre mois,

pour les autres voyages de long cours ;

dans deux mois,

pour les voyages de grand cabotage,

et dans un mois,

pour ceux de petit cabotage ;

le tout
à partir de la date de la police ;

faute de quoi,
la police est nulle de plein droit, et il est payé aux
assureurs demi pour cent de droit de ristourne,
pour les voyages de long cours, et un quart pour
cent pour ceux de cabotage.

CODE DE COMMERCE.

377.

Sont réputés voyages de long cours,
Ceux qui se font aux Indes orientales et occidentales, à la mer Pacifique, au Canada, à Terre-
Neuve, au Groënland, et aux autres côtes et îles
de l'Amérique méridionale et septentrionale, aux
Açores, Canaries, à Madère, et dans toutes les
côtes et pays situés sur l'Océan au delà des dé-
troits de Gibraltar et du Sund. (Circulaire minis-
térielle du 25 octobre 1825.)

JURISPRUDENCE.

26 2 261.   Bordeaux, 27 février 26.

26 1 400. 23 mai 26. Rejet. Caen, 22 avril 23.

L. 47 292.   Paris, 19 janvier 47.

Lorsque, par une première police générale, un négociant a fait assurer toutes les marchandises qui voyagent par mer pour son compte, jusqu'à concurrence d'une somme désignée, *sur navires indéterminés*, stipulant en outre qu'il ne serait pas tenu de faire connaître le nom des navires et les chargements dans les délais d'usage, mais seulement à la réception du connaissement ou avis de chargement, cette police couvre *de plano* tout ce qui est adressé à l'assuré; et si, plus tard, il traite avec une nouvelle compagnie pour une nouvelle assurance, en désignant un chargement spécial comme aliment, cette nouvelle assurance ne peut avoir d'effet que relativement à la valeur excédant la somme assurée par la première. Cependant, si l'assuré n'a fait aucune déclaration d'aliment à la compagnie engagée par le premier contrat, il se trouve également déchu vis-à-vis de cette compagnie.

<table>
<tr><td>

POLICE.

ARTICLE 11.

Si, l'assurance étant faite sur un navire partant d'Europe, le départ est retardé de plus de trois mois, à dater de la souscription du risque, les assureurs ont la faculté d'annuler la police, en conservant un quart pour cent à titre de droit de ristourne.

</td><td>

CODE DE COMMERCE.

</td></tr>
</table>

DÉLAISSEMENT.

Le délaissement, en matière d'assurance, est l'acte par lequel l'assuré, ou pour lui, capitaine le représentant (Code de commerce, 216, 221), signifie à l'assureur, ou pour lui, à magistrat le représentant,

    en France,   (Code de comm., 234, 243, 245, 246, 413, 414 et 416.)

    hors France,   (Code de comm., 234, 244, 245, 246, 345, 413, 414 et 416. — Ordonnance du 29 octobre 1833.)

que son navire n'étant plus en état,

   ou de naviguer

     par suite de destruction totale occasionnée en pleine mer ou à la côte, par

      tempête, naufrage, échouement avec bris, abordage fortuit, feu, prise, pillage,

   ou de suivre la destination pour laquelle il était assuré

     par suite de

      tempête, naufrage, échouement, abordage fortuit, changements forcés de route, de voyage ou de vaisseau, jet, feu, prise, pillage, arrêt par ordre de puissance, déclaration de guerre, représailles, et généralement par toutes autres fortunes de mer;

   ou encore

     parce que les réparations à faire pour remettre le navire en état de reprendre la mer et de continuer sa navigation sont telles, qu'il faudrait plus de temps et de dépenses pour réparer le navire que pour en construire un neuf;

ou encore

parce qu'il ne se trouve pas dans le lieu où le capitaine a abordé, soit les marchandises, soit les matériaux, soit les ouvriers, soit l'argent nécessaires pour remettre le navire en état de reprendre la mer;

ou encore

parce que la prime exigée des prêteurs à la grosse ne serait plus un prêt, mais une exaction, et que, de plus, la somme offerte serait insuffisante pour les besoins du navire;

ou enfin,

par toute autre cause d'innavigabilité,

absolue,

ou relative,

l'assuré déclare délaisser, c'est-à-dire abandonner pour compte de qui de droit,

ou le corps seulement de son navire,

ou les marchandises chargées à bord,

ou navire et marchandises simultanément,

et l'état d'innavigabilité

ou absolue,

ou relative,

du navire reconnu par les experts nommés à cet effet, et légalement constaté et prononcé, l'assuré demande à être autorisé, et obtient en effet du juge compétent l'autorisation de faire faire, par qui de droit, la vente aux enchères publiques des objets ainsi délaissés.

POLICE.

Article 12.

§ 1.

Le délaissement pour défaut de nouvelles *peut être fait après un an, pour tous les voyages en deçà des caps Horn et de Bonne-Espérance, et après deux ans, pour tous les voyages au delà de ces caps,*

le tout

à compter du jour auquel se rapportent les dernières nouvelles reçues.

CODE DE COMMERCE.

373.

Le délaissement doit être fait aux assureurs dans le terme de six mois, à partir du jour de la réception de la nouvelle de la perte arrivée aux ports ou côtes de l'Europe, ou sur celles d'Asie et d'Afrique, dans la Méditerranée, ou bien, en cas de prise, de la réception de celle de la conduite du navire dans l'un des ports ou lieux situés aux côtes ci-dessus mentionnées;

Dans le délai d'un an après la réception de la nouvelle ou de la perte arrivée, ou de la prise conduite aux colonies des Indes occidentales, aux îles Açores, Canaries, Madère et autres îles et côtes occidentales d'Afrique et orientales d'Amérique;

Dans le délai de deux ans après la nouvelle

des pertes arrivées ou des prises conduites dans toutes les autres parties du monde.

Et, ces délais passés, les assurés ne seront plus recevables à faire le délaissement. (375, 379, 382, 385, 431.)

375.

Si, après un an expiré, à compter du jour du départ du navire, ou du jour auquel se rapportent les dernières nouvelles reçues, pour les voyages ordinaires,

Après deux ans pour les voyages de long cours,

L'assuré déclare n'avoir reçu aucune nouvelle de son navire, il peut faire le délaissement à l'assureur, et demander le paiement de l'assurance, sans qu'il soit besoin d'attestation de la perte.

Après l'expiration de l'an ou des deux ans, l'assuré a, pour agir, les délais établis par l'article 373. (377.)

376.

Dans le cas d'une assurance pour temps limité, après l'expiration des délais établis, comme ci-dessus, pour les voyages ordinaires et pour ceux de long cours, la perte du navire est présumée arrivée dans le temps de l'assurance. (C. civil, 1350, 1352.)

JURISPRUDENCE.

13 1 99.   6 janvier 12.   Cass.   Rennes, 19 novembre.

G. G. 24 314. 1er juin 24. Rej.   Rouen, 7 décembre 22.   Sirey, 24 2 199.

37 2 186.   Aix, 4 mai 36.

L'assureur est soumis, à l'égard du réassureur, aux règles et aux déchéances auxquelles l'assuré est soumis à l'égard de l'assureur.

Le délai du délaissement de l'assureur au réassureur court, comme le délai du délaissement de l'assuré à l'assureur, du jour de la réception de la nouvelle de la perte, et non pas seulement du jour où l'assuré a fait le délaissement à l'assureur.

26 2 288.   Rouen, 10 mars 26.

En principe, le contrat d'assurance oblige l'assureur à payer toutes les pertes qui arrivent par risques de mer ou événements quelconques (350).

Le délaissement autorisé par l'article 369 n'est qu'une exception à cette règle, exception introduite en faveur de l'assuré, et dont il est le maître de ne pas se prévaloir. Il résulte de là que l'assuré qui n'a pas fait le délaissement, ou dont l'action en délaissement est tardive, conserve néanmoins l'action en paiement du dommage qu'il éprouve. Telle est l'opinion de Valin sur l'article 46 de l'ordonnance de 1681 (titre *des Assurances*).

35 1 804. 25 mars 53. Rejet. Aix, 30 août 53.

Le délaissement par défaut de nouvelles est admissible, bien qu'aucune pièce légale n'établisse le départ du navire. Les présomptions peuvent suffire pour la justification de ce fait, notamment au cas où l'expédition était d'une nature interlope, et où il importait par suite de la tenir cachée.

35 1 346. 29 avril 35. Rejet. Rennes, 18 mars 33.

De la disposition de l'article 373, combinée avec les dispositions des articles 379, 385 et 431 du même Code, il résulte pour l'assuré la double obligation de former la demande en délaissement dans les six mois de la réception de la nouvelle de la perte du navire, et de l'intenter par une action en justice, soit que le délaissement ait été déclaré précédemment par un acte extrajudiciaire, soit qu'il n'y ait eu à cet égard aucune déclaration : en le décidant ainsi, l'arrêt attaqué a fait une juste application des articles précités.

Dans l'état actuel de la législation commerciale, des pourparlers ne peuvent être considérés comme faits interruptifs de la prescription de l'action en délaissement. Cette décision est conforme à l'article 432 du Code de commerce.

§ 2.

Le délaissement des facultés ne peut être fait que dans les cas prévus par le paragraphe précédent et par l'article 394 du Code de commerce, et dans le cas où, indépendamment de tous frais quelconques, la perte ou la détérioration matérielle absorbe les trois quarts de la valeur. Aucun autre cas, même celui de vente en cours de voyage, ne donne droit au délaissement des facultés.

369.

§ 6.

Le délaissement des objets assurés peut être fait,

En cas de perte ou détérioration des objets assurés, si la détérioration ou la perte va au moins à trois quarts.

387.

§ 5.

Dans le cas où les marchandises arrêtées seraient périssables, les délais ci-dessus mentionnés sont réduits à un mois et demi pour le premier cas, et à trois mois pour le second cas. (373, 374.)

394.

Si, dans les délais prescrits par l'article 387, le capitaine n'a pu trouver de navire pour recharger les marchandises et les conduire au lieu de leur destination, l'assuré peut en faire le délaissement. (391.)

JURISPRUDENCE.

27 1 42. 22 juin 26. Rejet. Paris, 5 avril 23.

29 2 451. Bordeaux, 15 déc. 28.

Lorsqu'il a été stipulé dans une police d'assurance que chaque espèce de marchandise formait un capital distinct et séparé, il n'y a lieu au délaissement que de l'espèce de marchandise dont la perte s'élève aux trois quarts. Le délaissement ne peut avoir lieu pour l'espèce de marchandise dont la perte ou détérioration est moindre; peu importe qu'en résultat la perte ou détérioration s'élève à plus des trois quarts de la totalité des marchandises assurées.

Les assureurs ne peuvent, en cas de délaissement, retarder le paiement de la somme assurée, sous prétexte qu'il n'y a pas ou encore règlement des avaries grosses, sauf à eux, comme étant aux droits de l'assuré, à recourir contre qui de droit pour obtenir ce règlement.

Infrà, police.

39 1 934. 5 novembre 39. Rejet. Rouen, 27 nov. 38. Sirey, 39 2 214.

Lorsque, par suite d'un événement de mer, les marchandises assurées sont vendues en cours de voyage et avant leur arrivée à leur lieu de destination, cette vente peut être considérée comme une perte autorisant le délaissement, surtout si la vente a dû être faite pour éviter une perte totale et effective des marchandises. Peu importe, au surplus, que cette vente ait produit une somme excédant le quart de la valeur assurée.

Dans le même sens :

Cour de cass. 22 juin 26. Sirey. 27 1 42.
14 juin 32. 32 1 757.

40 2 177. Bordeaux, 9 nov. 39. *Assurances sur vivres et avances à l'équipage.*

40 2 193. Paris, 19 mai 40.

La vente de marchandises assurées, faite d'autorité de justice au lieu d'arrivée, par suite d'avaries éprouvées dans le cours du voyage, et la privation qui en résulte pour l'assuré, ne peuvent être assimilées à la perte totale des marchandises donnant lieu au délaissement. Dans ce cas, le délaissement n'est autorisé qu'autant que la détérioration résultant des avaries s'élèverait aux trois quarts, par comparaison du produit de la vente avec l'évaluation des marchandises portées dans la police d'assurance.

41 1 211. 29 déc. 40. Rejet. Caen, 22 janvier 40.

La clause d'une police d'assurance portant que le délaissement ne pourra avoir lieu qu'en cas de détérioration des trois quarts des marchandises assurées n'exclut pas la faculté de délaisser au cas du naufrage du navire sur lequel elles étaient chargées, bien que plus du quart des marchandises ait été recouvré par le sauvetage.

Aff. Langlois, de Granville.

42 1 216. 9 février 42. Rejet. Aix, 7 janvier 39.

Le propriétaire de marchandises assurées vendues en cours de voyage par le capitaine pour subvenir à des dépenses extraordinaires nécessitées par fortune de mer, et auquel, en cas d'heureuse arrivée, ces marchandises doivent être payées par le capitaine ou l'armateur, d'après leur cours dans le lieu de la décharge du navire, à l'époque de leur arrivée (Code de commerce, 234), a, dans le cas où le prix courant des marchandises est inférieur au prix convenu dans la police, un recours contre ses assureurs pour se faire rembourser la différence, ou même pour se faire payer le prix intégral des marchandises vendues, sauf, dans ce dernier cas, aux assureurs qui, par l'effet de l'action d'avarie, sont subrogés aux droits de l'assuré, à se faire payer à leur tour, par le capitaine ou l'armateur, l'indemnité par lui due à l'assuré.

C. de commerce, 234, 309, 371 et suiv.

L. 44 75. Aix, 17 juillet 43.

La perte pour l'assuré de la marchandise assurée, par suite de la saisie et de la vente qui en sont faites au lieu de destination, pour acquitter des emprunts à la grosse faits par le capitaine en cours de voyage, équivaut à une perte réelle et matérielle donnant lieu à délaissement. Dans de telles circonstances, l'assureur qui a été averti en temps utile de la saisie des marchandises, et qui n'a rien fait pour en prévenir le résultat, ne peut imputer à faute à l'assuré la vente des facultés assurées et l'application de leur produit au paiement du contrat de grosse.

44 2 201.   **Bordeaux, 4 déc. 43.**

Bien qu'une certaine quantité de marchandises assurées soit divisée en séries indiquées dans la police d'assurance comme formant chacune un capital distinct, si, par suite d'avaries éprouvées en mer, le capitaine fait vendre dans un port de relâche plus des trois quarts de la totalité de ces marchandises, sans prendre soin de constater à quelles séries elles appartiennent, cette vente ainsi faite en bloc ne constitue pas moins une perte de plus des trois quarts, autorisant le délaissement de la part de l'assuré. Dans tous les cas, ce défaut de constatation serait une irrégularité imputable au capitaine, et constituerait un fait de baraterie de patron dont par suite seraient responsables les assureurs qui ont pris ces sortes de dommages à leur charge.

Suprà, police, 1, § 8.

L. 45 334.   **Marseille, 29 mai 44.**

La somme à payer par les assureurs pour avaries de marchandises, par suite de détérioration, se détermine par la différence entre la valeur de ces marchandises détériorées et leur valeur en état sain, à l'entrepôt et non à la consommation. En d'autres termes, pour estimer la détérioration, et la moins-value qui en résulte pour la marchandise, on doit prendre pour terme de comparaison la valeur de cette marchandise détériorée au moment du débarquement et sa valeur à l'état sain, sans ajouter ni à l'une ni à l'autre la valeur des droits de douane.

L. 45 523.   **Marseille, 1er oct. 44.**

Si, en règle générale, c'est la somme assurée qui sert de base pour régler les droits de l'assuré vis-à-vis de ses assureurs, et *vice versá*, il ne saurait en être de même lorsqu'il s'agit d'une perte ou détérioration matérielle; dans ce cas, le bon sens comme la raison indiquent qu'*il faut décomposer* la somme qui a été assurée en bloc sur des objets dont les uns sont *corporels* et susceptibles, par conséquent, de perte ou de détérioration matérielle, et d'autres *incorporels*, c'est-à-dire insusceptibles de se détériorer (par exemple, frais d'armement et mise dehors), pour connaître la quantité que l'on doit appliquer aux objets qui sont susceptibles d'une pareille perte ou détérioration.

45 1 605. 4 mars 45. Rejet. Aix, 23 décembre 42.

La nouvelle de la perte du navire assuré, à partir de laquelle court le délai fixé par l'article 373 pour faire le délaissement, doit s'entendre d'une nouvelle présentant tous les caractères de la certitude. Ce délai ne court donc pas du jour où l'assuré a reçu une première lettre lui annonçant l'existence de bruits sinistres sur le sort de son navire; il ne court que du jour où l'assuré a reçu la confirmation de ces bruits.

L. 46 339.   **Seine, 8 juin 46.**   Vente du navire en cours de voyage. Baraterie de patron. Affaire du navire *la Ville de Bordeaux*.

L. 47 67. 24 août 46. Rejet. Rennes, 29 août 45.

Si le Code de commerce a adopté l'*expertise* comme un moyen de constater l'état et la nature des choses, en matière d'assurance, l'article 269 ne la prescrit pas pour le cas de délaissement; il est donc libre aux tribunaux de recourir à tout autre genre d'attestation, s'ils le croient plus juste, et, lors même que la loi leur aurait fait une obligation de s'y attacher, ce ne serait jamais que sauf la preuve contraire. Ainsi, quelque confiance que doive inspirer une expertise faite par des hommes probes et désintéressés, choisis par le juge et ayant prêté serment, il est toujours loisible aux tribunaux d'examiner s'ils ne se seraient pas trompés dans l'appréciation des choses sur lesquelles ils étaient appelés à donner leur opinion et rien qu'une opinion. D'un autre côté, un *procès-verbal de vente* rapporté par un fonctionnaire public, d'autant plus compétent que le capitaine avait abandonné le sauvetage, est un acte qui mérite pleine foi quant aux faits et aux prix qu'il constate; ce ne serait donc qu'en dehors de cet acte qu'il faudrait aller chercher des causes de soupçonner qu'il ne serait pas l'expression de la vérité, et de supposer un concert frauduleux entre les enchérisseurs et des tiers pour donner à la marchandise une valeur apparente supérieure à sa valeur réelle.

Rien au contraire n'est plus propre qu'une vente loyale et sincère pour fixer le prix d'une marchandise, puisque l'estimation n'est qu'une opinion qui doit céder à un fait réel.

44 1 193. 19 février 44. Cass.   Aix, 1er mars 41.   Renvoi devant la cour de Nîmes.

45 2 529.   Nîmes, 19 ou 23 déc. 44.

47 1 599. 22 juin 47. Rejet.   Nîmes, 19 ou 23 déc. 44.

Pour qu'il y ait *perte des trois quarts* donnant lieu à délaissement, il faut que les *dommages matériels* éprouvés par la chose assurée soient tels qu'après le sinistre sa valeur soit réellement réduite au quart de la valeur qu'elle avait avant son départ. On ne peut comprendre parmi les éléments de la perte des trois quarts la contribution de la chose assurée aux dépenses occasionnées par des avances communes. La décision des juges du fond que le délaissement a été formé dans les six mois du jour où l'assuré a pu connaître la perte des effets assurés échappe à la censure de la Cour de cassation.

Dans le cas de délaissement par suite de perte ou détérioration des trois quarts, le délai de six mois dans lequel doit être fait le délaissement, aux termes de l'article 373 du Code de commerce, court, non pas à partir du jour de la réception de la simple nouvelle de la perte ou détérioration, mais du jour de la connaissance donnée aux assurés du procès-verbal d'expertise qui constate la quotité du dommage.

On ne peut comprendre parmi les éléments de la perte des trois quarts la contribution de la chose assurée aux dépenses occasionnées par des avaries communes, ni la perte résultant de la vente des effets restants opérée pour acquitter un emprunt à la grosse qui a été contracté sur ces effets.

Le rapport des experts, *homologué et non attaqué*, doit être la seule base d'évaluation de la détermination des trois quarts des marchandises assurées; peu importe que la conclusion de ce rapport se trouve ultérieurement contredite en fait par le résultat de la vente des marchandises restantes.

33 2 13.   Bordeaux, 5 avril 32   *Infrà*, police 12, § 3.

32 1 758. 14 juin 32. Rejet.   Rouen, 17 février 32.

Le délaissement d'un navire peut être valablement fait, bien que la vente ultérieure du navire ait produit un prix supérieur au quart de sa valeur assurée. Vainement prétendrait-on induire de cette circonstance que la détérioration du navire ne s'élevant pas aux trois quarts de sa valeur, le délaissement aurait été accordé dans des cas où il est autorisé par le § 6 de l'article 369 du Code de commerce; c'est moins d'après le prix de la vente du navire que d'après la dépense estimée nécessaire pour le réparer que doit être calculée sa détérioration.

28 2 155.   Bordeaux, 1er mars 28.

41 2 224.   Paris, 20 avril 40.

42 2 97   Bordeaux, 8 mars 41.

Lorsque le navire a été visité avant le départ, et qu'il a été reconnu en état de supporter la navigation, c'est aux assureurs à prouver que les avaries survenues pendant le voyage proviennent du vice propre du navire; il y a présomption qu'elles sont le résultat d'accidents de mer.

G. G. 25 88. 18 mai 24. Rej.   Rouen, 3 janvier 23.

Mém. 8 238.   Rouen, 11 décemb. 43.   *Infrà*, police, article 24.

§ 3.

Le délaissement du corps ne peut être fait que dans le cas de

défaut de nouvelles,

naufrage,

échouement avec bris qui le rendent innavigable,

ou d'innavigabilité par toute autre fortune de mer.

369.

Le délaissement des objets assurés peut être fait en cas de

prise,

Suprà, pol., § 6.

naufrage,

échouement avec bris,

d'innavigabilité par fortune de mer,

en cas d'arrêt d'une puissance étrangère,

Suprà, pol., art. 1, § 6.

en cas de perte ou détérioration des effets assurés, si la détérioration ou la perte va au moins à trois quarts. *Suprà*, pol., art. 12, § 2.

Il peut être fait, en cas d'arrêt de la part du gouvernement, après le voyage commencé. (216, 372, 381, 387, 389, 395.)

JURISPRUDENCE.

7 2 789. 27 janvier 8. Rejet. Rouen.   49 et 50 de l'ord. de 1681 (titre des Assurances).

22 1 221. 3 août 21. Rejet. Bordeaux, 7 janvier 20.

La condamnation pour cause d'innavigabilité prononcée par les experts et adoptée par le commissaire de la marine ne suffit pas pour autoriser le délaissement.

Les commissaires de la marine sont chargés de la partie administrative, c'est-à-dire du soin qu'exige le sauvetage; de sorte que, dans le cas de naufrage ou même d'échouement, ils peuvent prendre les mesures conservatrices et d'urgence qui leur paraissent les plus convenables; mais la partie litigieuse appartient naturellement aux tribunaux de commerce, qui ont, à cet égard, la juridiction des anciennes amirautés.

33 2 13.   Bordeaux, 5 avril 32.

Si l'ordonnance de 1681 n'avait pas classé l'innavigabilité parmi les sinistres majeurs qui donnent lieu au délaissement, ce cas de délaissement résultait de son esprit et avait été admis par la jurisprudence. La déclaration du 17 août 1779 vint suppléer au silence de l'ordonnance de 1681 et confirmer la jurisprudence. L'article 4 autorisa l'assuré à faire l'abandon du navire lorsque, par fortune de mer, il aurait été mis hors d'état de continuer sa navigation et qu'il aurait été condamné. La déclaration exigeait deux choses : d'une part, la preuve de l'innavigabilité et de la fortune de mer qui l'avait occasionnée; d'autre part, la condamnation du bâtiment.

Des dispositions analogues résultent des articles 369 et 390 du Code de commerce. En conformité de ces articles, pour qu'il y ait lieu au délaissement pour cause d'innavigabilité, il faut qu'elle ait été constatée et prononcée par les tribunaux, ou toute autre autorité compétente, à moins que le navire ne se soit trouvé dans telle situation, ou dans tel lieu, qu'il n'ait pas été possible de remplir les formalités prescrites. *Suprà*, police, art. **12**, § **2**.

32 1 758.   14 juin 32.   Rejet.   Rouen, 17 février 31.

La Cour, considérant que l'arrêt attaqué déclare « qu'à la suite d'un ouragan violent *le Harponneur* a été réduit à un état d'innavigabilité, *sinon absolue, au moins relative*, résultant de ce qu'il aurait fallu plus de temps et de dépense pour le réparer que pour en construire un neuf; considérant que ce genre d'innavigabilité a, en tout temps, été assimilé à l'innavigabilité absolue et donné lieu, comme celle-ci, au délaissement; que ce principe est reconnu par tous les jurisconsultes qui ont écrit sur la matière, et qu'il n'existe dans le Code aucune disposition contraire; considérant que l'innavigabilité du *Harponneur* est légalement constatée, ainsi que l'arrêt le déclare, par les procès-verbaux qu'il relate, et notamment par la sentence du juge royal de Bourbon qui a ordonné la vente du navire, » par ces motifs, rejette.

Pat. 31 129 du vol. 1.   Aix, 3 août 30.   *Suprà*, police, art. **12**, § **2**.

38 1 637.   14 mai 34.   Rejet.   Bordeaux, 22 août 31.   Même jurisprudence.

Si les articles 237, 241 et 390 du Code de commerce prescrivent divers moyens de constater l'état d'innavigabilité d'un bâtiment et les causes et les effets de cette innavigabilité, l'emploi de ces moyens ne peut être exigé que lorsqu'il y a eu possibilité d'y recourir.

Arrêt des premiers juges :

S'il est vrai, en thèse générale, que l'innavigabilité doit être constatée par des procès-verbaux et prononcée par une autorité compétente, il n'existe pas de disposition expresse qui prescrive ces formalités à peine de nullité absolue; et, dans tous les cas, l'impossibilité fait exception à toutes les règles. Il est de principe, en matière de jurisprudence maritime, que la distance des lieux, la nature des événements, l'ignorance des formalités légales, l'impossibilité de les remplir, doivent influer sur la nature des preuves et leurs effets.

Infrà, police, art. **24**.

39 1 849.   3 juillet 39.   Rejet.   Rennes, 19 février 38.

»   »   »   31 juillet 39.   Rejet.   Paris, 28 mai 38.

»   »   »   5 août 39.   Rejet.   Rennes, 11 juillet 37.

Les formes tracées par le Code de commerce pour constater l'innavigabilité d'un navire délaissé par l'assuré ne sont pas prescrites à peine de nullité, alors surtout que l'innavigabilité s'est produite en pays étranger.

Spécialement, ces formalités peuvent, à raison de la distance des lieux et de la nature des événements, être remplacées dans les possessions anglaises par le rapport de trois capitaines du port dans lequel le navire s'est réfugié, bien que ces officiers aient agi sans aucune autorisation du magistrat, ou par les énonciations du livre de bord du capitaine et une expertise faite par des individus sans caractère public, mais confirmée par la vérification de trois officiers délégués par le commandant supérieur des forces maritimes étrangères qui se trouvent sur les lieux. Il en est ainsi du moins alors que, dans le pays étranger où le navire s'est réfugié, il ne se trouve pas de consul français. (225).

41 2 224.   Paris, 20 avril 40.   *Suprà*, police, art. **12**, § **2**.

Mém. 6 138.   Paris, 27 novembre 41.

Aux termes des articles 369 et 389 du Code de commerce, il y a innavigabilité, et, par suite, lieu au délaissement, non-seulement lorsque le navire éprouve par fortune de mer, dans le cours de son voyage, des avaries qui ne sont pas susceptibles d'être réparées, mais encore lorsque ces avaries ne peuvent être réparées parce que le capitaine ne trouve pas dans les lieux où il aborde soit les matériaux, soit les ouvriers, soit l'argent nécessaires pour mettre le navire en état de reprendre la mer et de continuer son voyage.

Mém. 7 301.   Douai, 7 avril 42.

L'assuré est fondé à faire le délaissement, suivant les stipulations de la police, au cas d'innavigabilité du navire par suite d'échouement avec bris, s'il résulte de la déclaration des experts que les dommages soufferts par le navire le mettent dans un état complet d'innavigabilité. Peu importe encore que l'échouement avec bris ait eu lieu sur un point très-rapproché du lieu de destination.

Mém. 7 295.   Seine, 23 août 42.

Il y a innavigabilité absolue alors que l'importance du dommage éprouvé par le navire est telle que les travaux nécessaires pour le mettre à flot équivaudraient à une reconstruction.

Mém. 7 189.   Paris, 27 août 42.

En droit, pour donner lieu au délaissement, la loi exige bien le concours des deux circonstances,
l'échouement et le bris,
mais sans exiger un bris absolu, suivi de la perte totale du navire. S'agissant d'une matière déjà régie par les anciennes ordonnances, et sur laquelle des controverses s'étaient engagées entre les auteurs, la loi n'aurait pas manqué de s'expliquer sur la nécessité du bris absolu, si elle avait entendu subordonner le délaissement à cette condition; elle a nécessairement abandonné aux tribunaux l'appréciation des accidents de cette nature.

43 2 87.   Bordeaux, 15 nov. 42.

Il y a lieu au délaissement d'un navire, non-seulement au cas d'*innavigabilité absolue*, mais encore au cas d'*innavigabilité relative*, par exemple, lorsque le capitaine n'a pu se procurer les fonds nécessaires pour faire des réparations indispensables au navire.

22 1 221. 3 août 21.

44 1 117. 1er août 43. Rejet. Rennes, 18 février 42.

Le juge saisi de la question de validité du délaissement pour cause d'innavigabilité n'est pas lié par une déclaration d'innavigabilité rendue en pays étranger par le consul français qui a autorisé la vente du navire. Il peut en conséquence rejeter le délaissement nonobstant cette déclaration, et même se fonder, pour le rejeter, sur des expertises auxquelles il a été procédé sur l'ordre du consul, et qui ensuite ont été annulées par ce magistrat.

L. 44 93.   Seine, 30 octobre 43.

Lorsque l'impossibilité de réparer un navire sur les lieux où il se trouve a été légalement constatée, et que, par suite, il a été vendu sans fraude aux enchères, le délaissement peut en être valablement fait aux assureurs, quoique, depuis, le navire ait pu reprendre la mer, après avoir été réparé sur les lieux mêmes par ses nouveaux propriétaires.

44 2 529.   Bordeaux, 1er avril 44.

L'échouement avec bris n'est pas, dans tous les cas, une cause de délaissement. Il faut, pour donner lieu au délaissement, que ce sinistre ait causé au navire des avaries graves.

Il en est de même relativement aux marchandises assurées séparément du navire; le délaissement n'en peut être admis, quelque dommage qu'elles aient pu éprouver, qu'autant qu'il y aurait lieu au délaissement du navire lui-même.

L. 45 94.   Marseille, 15 octobre 45.

Pour qu'il y ait échouement avec bris et lieu à délaissement, dans le sens de l'article 369, il n'est pas nécessaire qu'il y ait simultanéité entre l'échouement et le bris du navire; il suffit que le bris soit le résultat direct de l'échouement, quoique non immédiat. Le sinistre majeur, du moment qu'il se réalise, donne lieu au délaissement, et il importe peu que le navire se relève ensuite, se répare, et continue sa route jusqu'à destination.

L. 47 341.   Rennes, 25 novembre 46.   Quand les assureurs ont stipulé dans la police d'assurance la clause *franc d'avaries*, cette clause les met à l'abri de toute réclamation pour avarie quelconque. Si donc, dans le cas où l'innavigabilité relative peut être assimilée à l'innavigabilité absolue, il n'est pas établi que le capitaine s'est trouvé dans l'impossibilité complète de faire réparer son navire, et qu'il a pris tous les moyens en son pouvoir pour obtenir les fonds nécessaires à cette réparation, et si ledit navire, ayant été vendu et réparé plus tard sur le lieu du sinistre, il s'est trouvé en état de naviguer de nouveau, dès lors, aux termes de l'article 369 du Code de commerce, le délaissement ne peut avoir lieu.   *Infrà*, police, art. 20, 21.

46 1 180. 4 novembre 45. Rej. Rennes, 17 janvier 45.
48 2 737.   Paris, 6 décembre 48.   Manque de fonds; innavigabilité relative.
                                            Infrà, police, art. 19.

Code de Commerce.

370.

Le délaissement ne peut être fait avant le voyage commencé.
(297, 389.)

372.

Le délaissement des objets assurés ne peut être partiel ni conditionnel.

Il ne s'étend qu'aux effets qui sont l'objet de l'assurance et du risque. (332, 350.)

373.

Suprà, police, art. 12, § 1.

374.

Dans le cas où le délaissement peut être fait, et dans le cas de tous autres accidents au risque des assureurs, l'assuré est tenu de signifier à l'assureur les avis qu'il a reçus.

La signification doit être faite dans les trois jours de la réception de l'avis. (378, 384, 387, 390. — Proc., 1033.)

JURISPRUDENCE.

L. 47 360.   Marseille. 24 juillet 46.   Les prescriptions de l'article 374 n'emportent pas déchéance contre l'assuré qui ne s'y serait pas conformé. La jurisprudence est constante sur ce point et attestée notamment par un jugement du 24 juillet 1827, confirmé par un arrêt de la cour du ressort du 28 février suivant; seulement l'assuré, en ne faisant pas notifier aux assureurs les avis qu'il reçoit sur les événements à leur charge, encourt, suivant les circonstances, une responsabilité que le juge de l'action contre les assureurs aura à apprécier.
                                            Infrà, police, art. 23.

§ 4.   #### 375.

Il est expressément dérogé aux dispositions du Code de commerce, et notamment des articles 369 et 375, contraires à celles des trois paragraphes qui précèdent.

Suprà, police, art. 12, § 1.

JURISPRUDENCE.

L. 45 375.   Seine, 14 avril 45.

Lorsque, dans une police d'assurance, les parties, dérogeant aux dispositions des articles 369 et 375 du Code de commerce, conviennent que l'abandon du navire n'aura lieu que

1° Dans le cas de détérioration matérielle du navire aux trois quarts,

2° Dans le cas où le coût des réparations à faire excéderait les trois quarts de la valeur agréée du navire,

il n'est pas nécessaire que les deux cas prévus se rencontrent : le délaissement peut avoir lieu, quoique les réparations à faire pour remettre le navire à flot n'excèdent pas les trois quarts de sa valeur, si d'ailleurs le naufrage l'a détérioré des trois quarts.

POLICE.

ARTICLE 13.

Soit qu'il y ait lieu, ou non, à délaissement, et sans préjudicier aucunement à ses droits, l'assuré est tenu de veiller au sauvetage *des objets assurés et à leur conservation.*

CODE DE COMMERCE.

381.

En cas de naufrage ou d'échouement avec bris, l'assuré doit, sans préjudice du délaissement à faire en temps et lieu, travailler au recouvrement des effets naufragés.

Sur son affirmation, les frais de recouvrement lui sont alloués jusqu'à concurrence de la valeur des effets recouvrés. (261, 393. — Code civil, 2102, n° 3. — Ordonnance du 29 octobre 1833, art. 55.)

393.

L'assureur est tenu, en outre, des avaries, frais de déchargement, magasinage, rembarquement, de l'excédant du fret, et de tous autres frais qui auront été faits pour sauver les marchandises, jusqu'à concurrence de la somme assurée. (371, 381, 397. — C. civil, 2102, n° 3.)

JURISPRUDENCE.

30 2 111   Bordeaux, 6 avril 30.

L'assuré pour compte de qui il appartiendra est réputé, à l'égard de l'assureur, être le véritable assuré; comme tel, il est soumis personnellement à toutes les obligations résultant de la police d'assurance : conséquemment, il doit, en cas de naufrage du navire, travailler au recouvrement des effets naufragés; et, s'il y a délaissement, il est tenu personnellement de rendre compte à l'assureur du produit du sauvetage.

Voyez Sirey, 29 2 346.

Lorsque, sur la demande de l'assureur contre l'assuré, en représentation du produit du sauvetage du navire, il est prétendu par l'assuré qu'une partie de ce produit a été employée à acquitter les frais de recouvrement des effets naufragés; si l'assureur prétend, de son côté, que les dettes acquittées par l'assuré étaient étrangères au recouvrement des effets, qu'elles étaient personnelles à l'assuré, en un tel cas, c'est à l'assuré, quoique défendeur, à justifier, comme comptable, l'emploi par lui allégué. Lorsque le produit du sauvetage d'un navire assuré a été employé à l'acquit de dettes qui ne rentraient pas dans l'assurance, l'intérêt des sommes payées au préjudice de l'assureur est dû à partir du jour de l'emploi, et non pas seulement du jour de la demande en restitution formée par l'assureur.　　　　　Code civil, 1153, 1996.

Pat. 32 303 du vol. 2.　　　　Aix, 26 janvier 32.

L'article 381, en obligeant l'assuré ou le propriétaire, en cas de naufrage ou d'échouement avec bris, à faire travailler au recouvrement des effets naufragés, sans préjudice de l'action de délaissement qui peut lui compéter, non-seulement ne lui donne pas le droit de faire les réparations et de continuer le voyage, mais le lui interdit même implicitement, puisque c'est au simple sauvetage qu'il borne son obligation. On ne peut pas, en effet, supposer que le législateur ait voulu permettre qu'un propriétaire de navire pût à son gré se livrer à des opérations qui absorberaient la valeur du navire, pour en faire ensuite, en mer, l'abandon, suivant que son intérêt pourrait l'exiger.

L. 45 163.　　　　Aix, 8 mai 44.

L'action en indemnité pour avaries, frais de déchargement, magasinage, remboursement, excédant de fret, et toutes autres dépenses et frais faits pour sauver les marchandises, ouverte à l'assuré par l'article 393, en cas d'innavigabilité du corps du navire, suivie du déchargement des facultés pour leur destination, dans les délais de la loi, constitue une hypothèse toute spéciale : dans cette hypothèse, il s'établit entre l'assuré et l'assureur un contrat légal d'après lequel l'action en délaissement des facultés est suspendue un certain temps, à la charge par l'assureur de satisfaire complétement aux obligations de l'article 393 ; c'est là un cas en dehors des hypothèses ordinaires des avaries, et tout autre que celui de l'option établie par l'article 409.　　　　*Infrà*, police, articles 20 et 24.

CODE DE COMMERCE.

DES AVARIES.

397.

Toutes dépenses extraordinaires faites pour le navire et les marchandises, conjointement ou séparément,

Tout dommage qui arrive au navire et aux marchandises, depuis leur chargement et départ jusqu'à leur retour et déchargement,

Sont réputés avaries. (308, 330, 371, 393, 400, 403, 435.)

398.

A défaut de conventions spéciales entre toutes les parties, les avaries sont réglées conformément aux dispositions ci-après.

399.

Les avaries sont de deux classes, avaries grosses ou communes, et avaries simples ou particulières.

JURISPRUDENCE.

14 1 111. 26 juin 10. Rejet. Douai, 24 mai 7.

Il est dans la faculté des assurés d'agir contre les assureurs, dans le cas des avaries, comme dans celui du délaissement, à compter de la nouvelle du sinistre, sauf la vérification de la quotité du dommage.

13 2 176.   Rennes, 17 juin 11.

Une demande en avances ne peut pas être déclarée non recevable par cela seul que le capitaine du bâtiment n'a pas tenu de registre de bord, si d'ailleurs les avances sont suffisamment constatées.

25 1 102. 27 nov. 22. Cass. Poitiers, 3 juin 19.

Dans les cas prévus par les articles 435 et 436 du Code de commerce, l'assuré est déchu de tout droit contre l'assureur si, dans le mois à dater du jour de ses protestations, il n'a pas formé une demande en justice. En toute matière contentieuse, on ne peut entendre par demande en justice que celle formée par un individu contre un autre qui est cité, dans les délais prescrits par le Code de procédure civile, à comparaître en justice pour répondre aux conclusions prises contre lui.

Ainsi le sens évident de l'article 436 est que l'assuré doit former une demande contre l'assureur, avec ajournement devant un tribunal, et il doit former cette demande dans le mois, en se conformant pour le délai de l'ajournement à celui fixé par le Code de procédure à raison des distances.

25 1 73. 12 janvier 25. Rejet. Aix, 10 juillet 21.

Pat. 32, 1 du vol 1er. 21 av. 30. Paris, 4 juillet 28.   Sirey. 29 2 262.

Quand les avaries ont été constatées judiciairement, et que d'ailleurs les assurés n'ont point reçu les marchandises avariées, l'action contre les assureurs est encore recevable après le mois.

Pat. 30 584.   Aix, 22 novembre 30.

La loi ne permet pas d'équipollence, et on ne peut prendre pour une protestation, à la suite de la vente des marchandises et du paiement du fret, des actes antérieurs signalant un sinistre quelconque. Les articles 435 et 436 du Code de commerce ne sont que la reproduction des articles 5 et 6 du titre XII de l'ordonnance de 1681.

31 2 262.   Bordeaux, 6 décembre 30.

Lorsqu'un navire assuré est obligé, après avoir mouillé au port de sa destination, de se rendre dans un autre port pour la réparation d'avaries éprouvées pendant le voyage assuré, les assureurs sur corps sont tenus des avaries qui surviennent pendant ce second voyage, lequel doit être réputé fait pour leur compte. Ils sont même tenus des avaries qui surviennent après le retour effectué du second voyage et avant le déchargement des marchandises prises à fret par le capitaine, lors du retour du navire, dans l'intérêt des assureurs.

40 1 364. 10 février 40. Rejet. Aix, 8 janvier 36.

Les fins de non recevoir établies par les articles 435 et 436 du Code de commerce sont introduites en faveur de ceux qui peuvent être actionnés en paiement de dommages résultant d'avaries, et ont pour objet de les mettre à même de faire constater, dans un temps très-prochain de l'arrivée du bâtiment, l'existence de l'avarie et la valeur des pertes que les marchandises ont éprouvées. Ces dispositions ne sauraient être invoquées par ceux qui, connaissant tout à la fois et l'existence de l'avarie et la valeur des pertes qu'elle a occasionnées, auraient pris avec le capitaine, au moment même du débarquement, des arrangements pour le règlement de l'avarie, et qui, par suite de ces arrangements, auraient renoncé à se prévaloir de l'inobservation des formalités prescrites par la loi.

D'un autre côté, la disposition de l'article 435 peut être invoquée par tous ceux qui peuvent être tenus directement ou indirectement de supporter les dommages de la marchandise.

Mém. 4 376.   Bordeaux, 30 mars 40.

La fin de non recevoir établie par les articles 435 et 436 du

Code de commerce, au profit de l'assureur, contre l'action pour dommage arrivé à la marchandise, si elle a été reçue sans protestation, n'est pas applicable au cas où le destinataire, au lieu de recevoir la marchandise, a présenté requête pour la faire vérifier, estimer ou vendre aux enchères. Peu importe même, en pareil cas, que le destinataire ait payé le fret, les frais de débarquement, ceux de transport dans les magasins désignés par les experts, et qu'il ait reçu le prix de la vente.

Mém. 7 360.   Rouen, 8 février 43.

La protestation exigée par l'article 435 du Code de commerce est valablement suppléée par la requête présentée au président du tribunal, afin de nomination d'experts chargés de constater les avaries; mais elle doit être constatée dans les vingt-quatre heures, à peine de nullité; le réclamateur exciperait en vain de l'ignorance où il était, à l'arrivée du navire, de l'existence de l'assurance ou des noms et de la demeure des assureurs.

L. 46 450.   17 mars 46. Rejet. Rouen, 30 janvier 43.   Sirey, 45 2 325.

45 2 325.   Caen, 29 novembre 44.

Les articles 435 et 436 du Code de commerce doivent être entendus en ce sens que cette réception de marchandises ait été telle qu'elle ait mis l'assuré ou le réclamateur dans la possibilité d'acquérir la connaissance des avaries; et, à cet égard, il appartient aux juges d'apprécier les circonstances de cette réception pour décider si la déchéance est encourue.

41 1 226.   2 déc. 40.   Rejet.   Bordeaux, 18 nov. 39.   Sirey, 40 2 172.

La fin de non recevoir prononcée par l'article 435 du Code de commerce contre l'assuré, dans le cas d'avaries, lorsque le capitaine a livré les marchandises sans avoir protesté, ne peut être invoquée par les assureurs sur le corps du navire, mais seulement par les assureurs sur marchandises.

Dans tous les cas, cette fin de non recevoir ne saurait être admise lorsque le capitaine, en remettant les marchandises, a fait réserve de réclamer ses droits pour les frais occasionnés par suite de l'avarie, et que les marchandises ont été acceptées à charge de cette réserve.

Analogue. Cour de cass., 10 février 1840.

POLICE.

ARTICLE 14.

Les avaries grosses se règlent, indépendamment des avaries particulières, sans aucune cumulation, et sont remboursées sous la retenue d'un pour cent de la valeur assurée, pour les voyages de long cours, et de deux pour cent, pour ceux de grand et de petit cabotage.

Suprà, 377, page 26.

CODE DE COMMERCE.

400.

Sont avaries communes,

§ 1.

Les choses données par composition et à titre de rachat du navire et des marchandises;

(395 et suiv.)

JURISPRUDENCE.

7 2 799.   Rouen, 2 frimaire 10.

Les frais de séjour et les dépenses faites pour obtenir la relaxation d'une prise, sont des avaries grosses ou communes que doivent supporter et le bâtiment et sa cargaison.

28 1 62. 2 août 27. Rejet. Bordeaux, 15 juillet 25.

Peuvent être réputées avaries grosses, et mises à la charge des assureurs, les dépenses faites par le capitaine pour obtenir la relaxe du navire arrêté par une puissance étrangère sous le faux prétexte de violation de blocus.... même les sommes payées aux juges ou commissaires, chargés de prononcer sur la validité de la capture, afin d'obtenir une décision favorable. Vainement dirait-on qu'une telle dépense, motivée sur une cause illicite (la corruption des juges), ne peut être mise à la charge des assureurs... Du moins, l'arrêt qui l'a décidé ainsi, d'après l'appréciation des circonstances, ne viole aucune loi, et, sous ce rapport, est à l'abri de la censure de la Cour de cassation.

G. G. 27 351. Aix, 17 août 27.

Lorsque, pour payer un droit de rescousse, on est forcé de vendre à l'encan une partie de la cargaison au lieu du reste, la perte ou différence occasionnée par ce mode de vente est considérée comme avarie.

§ 2.

Celles qui sont jetées à la mer;

(410 et suiv.)

Suprà, police, art. 1, § 4.

JURISPRUDENCE.

Mém. 6 307. Rouen, 15 mars 42.

Doit être considéré comme avarie grosse le jet d'un canot à la mer, dans l'intérêt commun, et aussi, le salaire des hommes (autres que ceux de l'équipage) employés à dégréer et regréer le navire.

§ 3.

Les câbles ou mâts rompus ou coupés;

389.

Infrà, police, art. 17.

JURISPRUDENCE.

44 2 290. Rennes, 5 janvier 44.

Le jet à la mer du mât, de ses agrès et voiles, fait volontairement pour le salut commun du navire et des marchandises, après délibération de l'équipage, est une avarie commune, bien que cette mesure eût été rendue nécessaire par la rupture de leur mât causée par un abordage fortuit, et qui constitue, dans ces circonstances, une avarie particulière.

Voyez analogues : Rouen, 3 mai 27. Sirey, 29 2 415.
» 6 fév. 43. Sirey, 43 2 529.

Mais ces objets ne doivent être compris dans le règlement des avaries communes que pour la valeur qu'ils avaient après la rupture.

§ 4.

Les ancres et autres effets abandonnés pour le salut commun ;

(410 et suiv.)

Suprà, police, art. 1, § 4.

JURISPRUDENCE.

Pat. 30 265.

Bordeaux, 24 mars 30. Le sacrifice des câbles et des ancres fait volontairement et sur l'avis de l'équipage, afin de se soustraire à la violence des vents et à un abordage imminent, est au nombre des avaries grosses ou communes au paiement desquelles les chargeurs sont tenus de contribuer.

Le défaut de transcription *sur le livre de bord* des délibérations motivées de l'équipage, ne fait pas obstacle à l'action intentée par le capitaine pour cause d'avaries, alors surtout que les faits et circonstances, bien loin de faire suspecter la sincérité de son rapport, tendent au contraire à le justifier.

§ 5.

Les dommages occasionnés par le jet aux marchandises restées dans le navire;

(410, 426 et suiv.)

Suprà, police, art. 1, § 4.

§ 6.

Les pansement et nourriture des matelots blessés en défendant le navire,

(262, 263, 264, 272.)

les loyer et nourriture des matelots pendant la détention, quand le navire est arrêté en voyage par ordre d'une puissance, et pendant les réparations des dommages volontairement soufferts pour le salut commun, si le navire est affrété au mois;

(262, 300.)

§ 7.

Les frais du déchargement pour alléger le navire et entrer dans un havre ou dans une rivière, quand le navire est contraint de le faire par tempête ou par la poursuite de l'ennemi;

(410, 427 et suiv.)

JURISPRUDENCE.

31 2 47.

Caen, 20 novembre 28. Sur le chef du *déchargement*, le navire ayant besoin de réparation à raison de *la voie d'eau* qu'il avait faite, s'il était dans son intérêt qu'il fût pourvu à ce que cette voie d'eau fût empêchée, il était également dans l'intérêt des marchandises qu'elles fussent débarquées pour éviter le dommage qu'elles auraient pu encourir à cause de la réparation à faire; les frais faits en ce cas, étant dans l'intérêt commun, doivent aussi faire partie des avaries communes. *Infrà,* § 9.

§ 8.

Les frais faits pour remettre à flot le navire échoué dans l'intention d'éviter la perte totale ou la prise ;

(Code civil, 2102, n° 3 ; Ord. de 1681, livre III, titre VII, art. 2, 3, 5.)

JURISPRUDENCE.

2 2 224.   Poitiers, 2 thermidor 10.

41 2 425.   Rennes, 3 avril 41.

L'échouement peut être réputé volontaire, bien que le navire ait éprouvé de fortes avaries par fortune de mer, s'il était encore en état de manœuvrer. Il suffit que le fait de l'homme ait concouru avec le cas fortuit, pour que l'échouement doive être considéré comme volontaire.

Sirey, 26 2 113. Aix, 31 décembre 24.

Bordeaux, 23 février 29. Aff. Balguerie.

L'énumération que contient l'article 400 n'est pas limitative, comme le prouve le paragraphe final ; la loi ne distingue point, et dès lors les dommages partiels résultant d'un sacrifice volontaire dans l'intérêt de tous, donnant lieu à contribution, il doit en être de même, à plus forte raison, dans le cas de perte du navire, lorsqu'il a été sacrifié pour sauver le chargement.

L. 43 318.   Fécamp, 17 mars 43.   *Forcement de voiles.*

Mém. 8 447.   Bastia, 18 juin 44.

Doit être considéré comme avarie particulière le dommage résultant d'un abordage causé par une force majeure, et d'un forcement de voiles exécuté pour arriver à un port ; en conséquence, le dommage est à la charge du navire.

Infrà, 403 et 404.

Mais doivent être considérés comme avaries communes l'abandon des ancres, l'échouement, les frais de réparation, etc., et les intérêts des sommes empruntées à la grosse pour la mise en état du navire, lorsque ces dommages sont la conséquence d'une délibération prise pour le salut commun.

Sic. C. C., 2 août 41. Dalloz, 41 1 314.

Douai,   11 mai 43. Lehir,   43 389.

Rouen,   6 fév. 43.   »   43 252.

Rennes,   19 janv. 44.   »   44 316.

§ 9.

Et en général,

les dommages soufferts volontairement, et les dépenses faites d'après délibérations motivées, pour le bien et le salut commun du navire et des marchandises, depuis leur chargement et départ jusqu'à leur retour et déchargement.

(234, 408.)

(*Infrà*, police, art. 15 (403, § 6.)

JURISPRUDENCE.

29 2 115.   **Rouen, 3 mai 27.**

Lorsqu'il est constaté que c'est volontairement, et pour prévenir de plus grands malheurs, qu'une partie de la perte des marchandises ou des agrès du navire a été éprouvée, les dommages résultant de cette perte constituent une avarie commune; l'avarie ne pourrait être considérée comme particulière qu'autant que la perte n'aurait été que la suite d'un événement de mer, indépendant de la volonté de l'homme. Le *forcement de voiles* exécuté volontairement pour le salut commun rentre dans la catégorie des cas prévus par l'article 400 du Code de commerce. Lorsque ce forcement volontaire a occasionné des avaries au navire, le navire seul ne doit pas les supporter; les marchandises, le navire et le fret doivent y contribuer, dans la proportion déterminée par la loi.

29 2 115.   **Aix, 15 février 25.**

La loi ne prend en considération le mode d'affrétement, pour déclarer l'avarie particulière, que dans le cas où la *relâche*, et les frais qui en sont la suite, ont pour unique objet le bien du navire ou celui de la cargaison.

31 2 47.   **Caen, 20 novembre 28.**

Si, aux termes de l'article 406 du Code de commerce, les *pilotages*, en général, ne sont point des avaries, et sont de simples frais à la charge du navire, il n'en peut être ainsi dans l'espèce où, le navire courant le plus grand danger, il était de l'intérêt commun qu'il fût assisté d'un bon pilote pour éviter peut-être de périr, et la dépense faite en cette occasion doit être supportée par tous les intéressés et doit entrer dans les avaries grosses. Une dépense de cette espèce ne peut s'estimer que d'après la grandeur du danger à courir par les pilotes, et ne peut être déterminée que par un jury librement convenu. (*Retrò*, § 7.)

G. G. 30 82.   **Bordeaux, 23 février 29.**

Les dommages soufferts par le navire doivent être considérés comme avaries grosses ou communes, s'ils sont le résultat d'une mesure nécessitée par un péril imminent, et bien qu'il n'ait pas été rédigé de délibération motivée aux termes de l'article 400 du Code de commerce.

Le consignataire ne peut se dispenser de contribuer à renflouer ou réparer le navire, par cela seul qu'il a reçu les marchandises, s'il n'est pas prouvé que le navire était en état d'innavigabilité.

Une fois entré en rivière, le capitaine du navire n'a pas le droit de s'opposer à une mesure que le pilote, sous sa responsabilité, juge propre au salut du navire et du chargement.

Les droits dus à des pilotes, dont les efforts réunis ont été employés à sauver le navire et le chargement, ne sont point, comme dans les cas de pilotage ordinaire, des frais à la charge du bâtiment.

34 1 748. 19 février 34. Rejet. Rouen, 11 juillet 32.

Si le n° 3 de l'article 403 range parmi les *avaries particulières* les réparations à faire au navire par *suite d'une voie d'eau*, il n'en résulte pas une dérogation au principe général fixé par l'article 400, qui déclare *avaries communes* les dommages soufferts volontairement et les dépenses faites d'après délibérations motivées pour le bien et le salut commun du navire et des marchandises.

Mém. 5 64.   Paris, 25 novembre 39.   *Suprà*, police, art. 1, § 6, page 17.

La dépréciation morale qu'éprouvent des marchandises qui n'ont pu parvenir au lieu de leur destination, et qui sont revenues au lieu du départ, n'est pas classée au nombre des avaries grosses ou communes, simples ou particulières; on peut seulement attribuer ce caractère aux dépenses extraordinaires occasionnées par les marchandises jusqu'au jour où le propriétaire en est remis en possession et peut légalement en jouir.

Voir *Mémorial*, tome III, page 162.

41 1 226   2 déc. 40.   Rejet.   Bordeaux, 19 nov. 39.   Sirey, 40 2 172.

Les frais de déchargement, d'emmagasinage et de rechargement des marchandises dans un port où le navire a relâché pour réparer des avaries particulières, doivent, lorsqu'ils ont été nécessités par les réparations, être considérés eux-mêmes comme une avarie particulière au navire, laquelle doit, par conséquent, tomber à la charge des propriétaires du navire ou des assureurs sur corps.

Suprà, police, art. 3, § 1.

Voyez en sens contraire : Suprà, Caen, 20 novembre 1828.

34 1 748.   19 février 34.

Cet arrêt attribue aussi le caractère d'avarie commune aux dépenses, telles que le déchargement des marchandises, occasionnées par la réparation d'une voie d'eau, lorsque d'ailleurs ces dépenses ont été faites d'après une délibération motivée, aux termes de l'article 400.

41 2 420.   Rouen, 27 mai 41.

Bien que l'article 403, n° 3, du Code de commerce, range parmi les avaries particulières les réparations à faire au navire par suite de voie d'eau, il n'en résulte pas une dérogation au principe général existant dans l'article 400 du même Code, lequel déclare avarie commune les dommages soufferts volontairement et les dépenses faites d'après délibération motivée pour le salut commun des marchandises et du navire.

Si donc les réparations de la voie d'eau et les dépenses de déchargement et autres qu'elles ont nécessitées, n'ont été faites qu'après délibération, en conformité de l'article 400, ces réparations et dépenses doivent être réputées avaries grosses ou communes.

Voyez décision identique : Suprà.

Cour de cass., 19 février   34,   Sirey, 34 1 748.

»   »   2 décembre 40.   »   41 1 226.

41 1 673.   2 août 41.   Rejet.   Montpellier, 19 déc. 37.   Sirey, 39 2 112.

Lorsque, après une tempête, un navire a éprouvé des avaries qui nécessitent sa relâche dans un port voisin, et que cette relâche a lieu après délibération motivée et pour le salut commun du navire et de la cargaison, les avaries éprouvées par le navire par suite d'une nouvelle tempête pendant qu'il fait route pour le port de relâche, et l'échouement qui en est la conséquence, constituent des avaries particulières au navire, et non pas des avaries communes au navire et à la cargaison.

Mém. 7 41.   Rouen, 26 novembre 41.

Le retard dans la présentation du rapport du capitaine, lorsque d'ailleurs ce rapport est conforme aux prescriptions de la loi, peut être justifié par les circonstances. Il n'y a pas là une irrégularité à laquelle la loi ait attaché la peine de nullité.

Lorsque, après délibération motivée de l'équipage et pour le salut commun, un forcement de voiles a été décidé qui a fait déclarer une voie d'eau, le navire ayant encore néanmoins pu tenir la mer quelque temps, les dépenses résultant de la relâche et de la carène que le navire a dû subir, proviennent d'une cause mixte, et doivent être classées, moitié en avaries communes, moitié en avaries particulières.

Mém. 7 78.   Marseille, 31 déc. 41.

Doit être considéré comme avarie particulière l'échouement d'un navire à l'entrée d'un port où il veut relâcher, après délibération, et pour le bien et salut commun.

Doivent être considérés comme avaries communes, au contraire, les frais et dommages faits pour le remettre à flot.

Doivent aussi être considérés comme avaries communes les frais de déchargement de la cargaison, emmagasinage, rembarquement et autres, lorsqu'il est établi que le déchargement de la cargaison n'a eu d'autre motif que de visiter l'intérieur du navire, rechercher la voie d'eau et la réparer.

Mém. 7 137.

Bordeaux, 28 oct. 42.

En conséquence du principe posé dans l'article 400 du Code de commerce, sont déclarés particuliers au navire les frais de déchargement par suite d'échouement advenu par fortune de mer, quand aucune délibération de l'équipage n'a établi la nécessité de ce déchargement.

43 2 329.

Rouen, 6 février 43. *Infrà,* articles 401, 402.

Les frais de relâche d'un navire, effectuée à la suite d'une tempête, dans l'intérêt tout à la fois du navire et de la marchandise, sont au nombre des avaries communes, alors même que la relâche n'a point été précédée d'une délibération motivée de l'équipage.

Voyez dans le même sens : Bordeaux, 28 février 29. Aff. Balguerie.

Les frais du déchargement et du rechargement de la marchandise dans un port de relâche, bien que nécessités par les réparations des avaries particulières au navire, n'en sont pas moins avaries communes, lorsque ces réparations importent également au salut ou à l'intégrité de la marchandise.

Voir *Suprà,* C. de cass., 2 décembre 40. Sirey, 41 1 226.
Caen, 20 novembre 28. » 31 2 47.
Infrà, police, art. 15 (401) et 18, § 1.

43 2 466.

Douai, 11 mai 43.

Le forcement de voiles exécuté, même après délibération de l'équipage, constitue, non une avarie grosse, mais une avarie particulière, qui doit être supportée exclusivement par le navire, lorsque cette manœuvre, faite sans déviation de la route du navire, était la seule raisonnablement praticable pour continuer le voyage et entrer au port de destination.

Voyez en sens contraire :

Suprà, Rouen, 3 mai 27. Sirey, 29 2 115.

Les avaries résultant de l'échouement du navire, occasionné par un grain survenu au moment de l'entrée du navire dans le port de sa destination, constituent des avaries particulières qui doivent être supportées respectivement par chacun de ceux des objets qui ont éprouvé des dommages.

L. 45 288.

Marseille, 6 août 44.

Les assureurs ne peuvent jamais être tenus d'indemniser les marins d'un équipage pour déchargement ou rechargement d'un navire, en cours de voyage, alors que ces marins sont payés de leurs loyers par l'armement.

L. 46 63.

Marseille, 20 août 44.

En droit, et aux termes de l'article 409, le sacrifice des écoutes et des drisses, et le résultat, ainsi que les frais occasionnés par une relâche forcée, constituent des avaries grosses donnant lieu à contribution.

Les frais occasionnés par le déchargement et rechargement et accessoires constituent également, d'après la jurisprudence constante du tribunal, des avaries communes.

CODE DE COMMERCE.

330.

Les prêteurs à la grosse contribuent, à la décharge des emprunteurs, aux avaries communes.

Les avaries simples sont aussi à la charge des prêteurs, s'il n'y a convention contraire. (597.)

§ 2.

La portion de ces avaries incombant au fret ne peut jamais être mise à la charge de l'assurance sur corps.

401.

Les avaries communes sont supportées par les marchandises et par la moitié du navire et du fret, au marc le franc de la valeur. (308, 330, 358, 360, 371, 404. — Ord. du 29 octobre 1833, art. 28.)

402.

Le prix des marchandises est établi par leur valeur au lieu du déchargement. (72, 414, 417.)

JURISPRUDENCE.

23 2 345.

Rennes, 7 mai 23.

Le motif pour lequel les marchandises contribuent en entier, et le navire ainsi que le fret pour moitié seulement, c'est parce qu'il y aurait un double emploi, si l'on faisait contribuer le propriétaire du navire pour toute la valeur et pour le fret entier; le fret leur est accordé en remplacement de ce que le vaisseau perd de sa valeur dans le voyage et des dépenses qu'ils sont obligés de faire. Ainsi, le fret ne venant à contribution que comme partie constitutive du navire, comme élément de son évaluation, c'est toujours le navire qui, dans l'opération prescrite par l'article 401, supporte la contribution, comme le voulaient l'art. 3 du titre *des Avaries* de l'ordonnance de la marine, et l'article du projet du Code de commerce auquel a été substitué l'article 401.

29 2 345.

Aix, 24 juin 29.   *Même jurisprudence que dessus.*

Il ne faut pas confondre les dispositions de la loi *en matière d'assurance* avec les dispositions de la loi *en matière d'avaries :* en matière d'assurance, c'est l'estimation du navire faite par le contrat d'assurance qui sert de règle, dans le cas de perte; tandis qu'en matière d'avaries, il faut préciser la valeur actuelle au lieu du déchargement des objets passibles d'avaries. Ainsi, on ne peut argumenter d'un cas à l'autre.

L'assureur sur corps, en cas d'avaries communes, est tenu, non-seulement de la portion qui doit être supportée par la moitié du navire dans ces avaries, mais encore de la portion qui doit être supportée par la moitié du fret. A cet égard, la moitié du fret ne forme pas une valeur distincte du navire; cette moitié du fret, jointe à la moitié du navire, n'est que représentative de la valeur du navire entier.

34 2 141.

Bordeaux, 20 mai 33.

L'article 401 du Code de commerce contient la règle générale pour la contribution aux avaries communes; il dispose qu'elles sont supportées par les marchandises et par la moitié du navire et du fret, au marc le franc de la valeur, sans expliquer comment cette valeur serait fixée. Immédiatement après cette disposition, l'article 402 statue que « le prix des marchandises est établi par leur valeur au lieu du déchargement; » il modifie et explique l'article précédent; il fait une distinction évidente, quant à la valeur contributive, entre la marchandise et la moitié du navire et du fret. En fixant une base particulière pour les marchandises, on ne peut admettre que le législateur ait entendu que cette base servirait également pour la moitié du navire.

Décider ainsi, ce ne serait pas interpréter la loi, mais ajouter à sa disposition et faire une règle générale d'une disposition spéciale.

Si on entre dans les motifs qui ont déterminé le législateur, et si on interroge les principes de la matière, l'on voit que la raison qui a fait établir pour la contribution des marchandises leur valeur au lieu du déchargement n'existe pas pour le fret et pour le navire ; pour les marchandises, c'est bien leur valeur au lieu du déchargement qui a été sauvée par les dépenses et les dommages considérés comme avaries communes ; quant au fret, au contraire, la valeur est déterminée ordinairement par la convention qui a été faite avant le chargement ; et, à l'égard du navire, sa valeur et l'avantage que le propriétaire peut retirer de la dépense commune sont indépendants de sa valeur au lieu du déchargement, car ce n'est pas dans ce lieu que la valeur du bâtiment doit être réalisée. Dès lors, si l'on consulte, soit l'esprit, soit la lettre de la loi, il n'y a pas lieu d'appliquer au fret et au navire les dispositions de l'article 402. La valeur dont parle l'article 401 doit être réglée par les principes généraux en matière d'assurance, lorsqu'il s'agit d'une contestation entre l'assuré et les assureurs. L'article 417 du Code de commerce, en supposant que les mots qui le terminent soient relatifs à la moitié du fret et du navire, de même qu'aux marchandises, serait spécial pour le fret et la contribution qui en est le résultat, et il n'y a pas lieu de l'appliquer à toutes les avaries communes en général.

43 2 529.

Rouen, 6 février 43.

Il n'y a pas lieu à faire une déduction sur le montant des avaries *pour la différence du neuf au vieux des objets remplacés,* lorsqu'il n'y a pas de base certaine d'évaluation de cette différence ; l'âge du navire n'est pas une base certaine pour cette évaluation. Pour déterminer la part contributive du navire au paiement des avaries communes, il faut réunir fictivement au navire la valeur des parties manquantes.

Suprà, police, art. 14 (400), § 9.

Infrà, » 18, § 1.

44 2 209.

Caen, 8 novembre 43.

Lorsqu'il s'agit de déterminer les bases de la contribution aux avaries communes, c'est l'article 417 qu'il faut consulter, parce qu'il est placé sous le titre XII du Code qui traite de la contribution en général, c'est-à-dire du mode de procéder à la répartition des avaries entre les marchandises et la moitié du navire et du fret. La disposition de cet article n'est pas restreinte à la contribution pour cause de jet, mais elle détermine la base générale pour toute contribution entre les chargeurs et le capitaine du navire, et elle est destinée à modifier les dispositions contraires à son texte formel. D'ailleurs, on ne voit pas de raison pour évaluer le bâtiment sur d'autres bases que les marchandises qui peuvent, suivant les circonstances, être estimées moins qu'elles ne valent à leur départ. Le navire doit dès lors être estimé, conformément à l'article 417, au prix qu'il se trouve valoir au moment et au lieu où s'opère la contribution.

En sens contraire :
Sirey, Bordeaux, 11 juillet 26. 26 2 254.
» » 20 mai 33. 34 2 144.
» C. de cass., 16 février 41. 41 1 177.

L. 46 93.

Marseille, 10 mai 44.

Les règles prescrites par les articles 344 et 345 du Code de commerce, pour la justification des marchandises chargées pour le compte du capitaine, ou de l'équipage, ne sont applicables qu'à l'encontre des assureurs, et relativement aux assurances de ces navires, et non, lorsqu'il s'agit de l'admission ou du rejet en avarie commune, d'une pacotille du capitaine ou de l'équipage, dont partie a été jetée à la mer. Dans ce dernier cas, il faut appliquer les règles spéciales en matière de jet et de contribution.

Ainsi, pour que la pacotille venant de l'étranger entre en avarie commune, il suffit que le fait du chargé et du jet soit justifié par des documents de nature à déterminer la conviction du juge, tels que comptes d'achat, manifestes d'expédition, connaissement signé au lieu du chargement par l'écrivain du bord, et rapport du capitaine vérifié par l'équipage.

Code de commerce, 420.

7

L. 46 87. Havre, 18 juin 44.

Le prix du passage payé par les passagers du navire doit, comme le fret des marchandises, contribuer aux avaries, aux termes de l'article 401 du Code de commerce, et sans que l'armateur puisse être autorisé à en déduire le coût des vivres qu'il a fournis à ces passagers pendant la traversée.

Pour établir la contribution des prêteurs à la grosse sur le navire et le chargement, il faut faire une seule et même masse des avaries et de la valeur du navire et du chargement; on ne peut pas établir deux catégories de contribution relatives, l'une au navire, l'autre à la cargaison, lorsque le fret a été fait sans distinction sur ces deux objets.

Dans un règlement d'avaries, la valeur du navire doit être établie au moment du prêt à la grosse; pour cela, il convient de prendre l'estimation du navire faite à l'arrivée et dans son état d'avarie, d'y ajouter la valeur des objets, dont il est tenu compte au moyen de la contribution, celle des objets dont il est tenu compte en avaries particulières, l'importance des vivres consommés dans la traversée, et le fret jusqu'au lieu d'arrivée, acquis au moment du prêt.

POLICE.

ARTICLE 15.

Les avaries particulières sur corps, quille, agrès, apparaux et dépendances, se remboursent sous la réduction de trois pour cent de la valeur assurée.

CODE DE COMMERCE.

403.

Sont avaries particulières,

§ 1.

Le dommage arrivé aux marchandises par leur vice propre, par tempête, naufrage ou échouement;

350.

Suprà, police, art. 1 et 3.

JURISPRUDENCE.

47 2 146. Aix, 3 juin 46.

L'avarie particulière de marchandises dont parle l'art. 403, §§ 1 et 2, n'est autre chose qu'un fait matériel emportant, soit la destruction partielle, soit la détérioration de l'objet assuré, et par suite la diminution de sa valeur. L'objet du règlement des avaries est de déterminer dans quelle proportion la fortune de mer a altéré cette substance et diminué cette valeur, afin que l'assureur paie à l'assuré une indemnité proportionnée au dommage réalisé.

§ 2.

Les frais faits pour les sauver;

§ 3.

La perte des câbles, ancres, voiles, mâts, cordages, causée par tempête ou autre accident de mer;

Les dépenses résultant de toutes relâches occasionnées par la perte fortuite de ces objets, soit par le besoin d'avitaillement, soit par voie d'eau à réparer;

§ 4.

La nourriture et le loyer des matelots pendant
la détention, quand le navire est arrêté en voyage
par ordre d'une puissance, et pendant les réparations qu'on est obligé d'y faire, si le navire est
affrété au voyage;

JURISPRUDENCE.

26 2 115.   Aix, 31 décembre 24.

En déclarant, en général, avaries particulières les dépenses
faites et le dommage souffert pour le navire seul, ou pour les marchandises seulement, l'art. 400,
§ 6, dit virtuellement que la nourriture et le loyer de l'équipage, pendant la réparation du navire,
ne sont avaries particulières que lorsque le dommage qu'on répare est lui-même avarie particulière. L'effet ne peut être de nature différente que la cause qui le produit, et les dépenses occasionnées par l'avarie commune sont aussi nécessairement avarie commune.

31 2 262.   Bordeaux, 6 décembre 30.

En thèse générale, la nourriture et les loyers des matelots
constituent une dépense à la charge du maître du bâtiment. S'ils entrent dans les avaries particulières, aux termes de l'article 403 du Code de commerce, pendant les réparations qu'on est obligé de
faire au navire, c'est qu'ils deviennent alors dépenses extraordinaires faites pour le navire, et
qu'ils rentrent dans la disposition générale de l'article 397. La disposition du § 4 de l'article 403
est une conséquence et une application du principe général établi par l'article 397; bien loin donc
qu'on doive le considérer comme une limitation, il n'en est que le développement. Cette explica-
tion du § 4 de l'article 403 est confirmée par le § 5 du même article, qui qualifie d'avaries particulières en général les dépenses faites pour le navire seul, depuis son départ jusqu'à son retour.

§ 5.

La nourriture et le loyer des matelots pendant
la quarantaine, que le navire soit loué au voyage
ou au mois;

§ 6.

Et en général, les dépenses faites et le dommage souffert pour le navire seul, ou pour les
marchandises seules, depuis leur chargement et
départ jusqu'à leur retour et déchargement.

350.   *Suprà*, police, art. 1, § 1 et suiv.

408.   Code civil, 1148, 1302, 2102, § 3.

Voir *Suprà*, police, art. 14 (400, § 9) : arrêts
applicables aux avaries communes ou particulières.

JURISPRUDENCE.

L. 47 339.   Rennes, 26 août 46.

En cas de relâche forcée, les frais ordinaires de navigation mentionnés en l'article 406 du Code de commerce sont à la charge du navire seul ; mais l'augmentation des droits sur la marchandise, résultant de la vente au lieu de relâche, est une avarie particulière à la cargaison et doit être supportée en entier par elle.

G. G. 27 351.   Aix, 17 août 27.

Lorsque, pour payer un droit de rescousse, on est forcé de vendre à l'encan une partie de la cargaison, au lieu du reste, la perte ou différence occasionnée par ce mode de vente est considérée comme avarie.

Suprà, préface, art. 347.

Lorsqu'un retard, provenant d'événements nautiques, a occasionné une différence dans les ventes tractatives, cette différence, à moins qu'elle ne soit inférieure au prix coûtant des marchandises au lieu de l'armement, ne peut être considérée comme avarie ; autrement, ce serait assurer les profits espérés.

CODE DE COMMERCE.

330.

§ 2.

Les avaries simples sont aussi à la charge des prêteurs, s'il n'y a convention contraire. (397.)

404.

Les avaries particulières sont supportées et payées par le propriétaire de la chose qui a essuyé le dommage ou occasionné la dépense. (401.)

405.

Les dommages arrivés aux marchandises, faute par le capitaine d'avoir bien fermé les écoutilles, amarré le navire, fourni de bons guindages, et par tous autres accidents provenant de la négligence du capitaine ou de l'équipage, sont également des avaries particulières supportées par le propriétaire des marchandises, mais pour lesquelles il a son recours contre le capitaine, le navire et le fret. (216, 221, 407, 435. — C. civil, 1382.)

408.

Une demande pour avarie n'est point recevable, si l'avarie commune n'excède pas un pour cent de la valeur cumulée du navire et des marchandises, et si l'avarie particulière n'excède pas aussi un pour cent de la valeur de la chose endommagée.

POLICE.

ARTICLE 16.

*En cas d'assurance à prime liée ou à terme,
chaque voyage est l'objet d'un règlement séparé.*

*La fin de chaque voyage est déterminée, ainsi
qu'il est dit au premier paragraphe de l'article 5
et à l'article 6, et le voyage subséquent est censé
commencer immédiatement.*

CODE DE COMMERCE.

349

Si le voyage est rompu avant le départ du
vaisseau, même par le fait de l'assuré, l'assurance est annulée; l'assureur reçoit, à titre d'indemnité, demi pour cent de la somme assurée.
(252, 288, 633.)

359.

S'il existe plusieurs contrats d'assurance faits
sans fraude sur le même chargement, et que le
premier contrat assure l'entière valeur des effets
chargés, il subsistera seul.

Les assureurs qui ont signé les contrats subséquents, sont libérés; ils ne reçoivent que demi
pour cent de la somme assurée.

Si l'entière valeur des effets chargés n'est pas
assurée par le premier contrat, les assureurs qui
ont signé les contrats subséquents répondent de
l'excédant, en suivant l'ordre de la date des contrats. (335, 357.)

JURISPRUDENCE.

27 2 219.   **Aix, 9 janvier 27.**

La résolution de l'assurance *à prorata* (c'est-à-dire à pro-
portion du temps qui peut être employé pour terminer le voyage, outre le délai fixé et indiqué dans
la police d'assurance), de même que la résolution de l'assurance à temps fixe, ne peut avoir lieu
que par le concours de la volonté de l'assuré et de l'assureur. On ne peut donc la faire résulter de
cette circonstance que l'assuré a pris une nouvelle assurance. En ce cas, la nouvelle assurance est
sans effet, et les premiers assureurs doivent seuls supporter la perte des objets assurés.

29 2 237.   **Rouen, 7 juillet 28.**

En matière d'assurance, l'article 191, n° 10, du Code de
commerce, qui, en déclarant privilégiées sur le prix du navire les primes d'assurance, restreint ce
privilége aux primes dues pour le dernier voyage, ne s'applique pas au cas où *l'assurance a eu lieu
pour un temps limité :* en ce cas, le privilége est dû pour la totalité des primes, sans aucune distinction des voyages faits jusqu'à l'expiration du temps limité, lesquels doivent, à leur égard, être
considérés comme un seul et même voyage.

43 2 272.   **Douai, 8 mars 43.**

Dans le cas d'assurance d'une somme déterminée faite sur
le corps d'un navire pour un temps limité, avec cette clause que, « après chacun des voyages que
fera le navire pendant la durée de l'assurance, il sera fait un règlement particulier d'avaries, » s'il
arrive que le navire vienne à se perdre après un ou plusieurs voyages, il doit être fait déduction,
sur le montant de la somme assurée, des sommes partielles que les assureurs ont payées par suite

des règlements particuliers d'avaries dressés à la suite des voyages antérieurement opérés ; et si la somme totale assurée a été versée à l'assuré, sans déduction des sommes partielles payées pour les avaries antérieures, les assureurs peuvent répéter ces sommes comme indûment payées.

Infrà, police, art. 22.

Mém. 7 332.   Seine, 22 août 42.

En matière d'assurance à terme, les deux points extrêmes du temps limité forment les termes constitutifs du voyage.

POLICE.

ARTICLE 17.

En cas de délaissement du navire, l'armateur reste passible des gages dus à l'équipage antérieurement au voyage pendant lequel le sinistre a eu lieu.

CODE DE COMMERCE.

258.

En cas de prise, de bris et naufrage, avec perte entière du navire et des marchandises, les matelots ne peuvent prétendre aucun loyer.

Ils ne sont point tenus de restituer ce qui leur a été avancé sur leurs loyers. (246, 272, 300, 304. — C. civil, 1186, 1302.)

259.

Si quelque partie du navire est sauvée, les matelots engagés au voyage ou au mois sont payés de leurs loyers échus sur les débris du navire qu'ils ont sauvés.

Si les débris ne suffisent pas, ou s'il n'y a que des marchandises sauvées, ils sont payés de leurs loyers subsidiairement sur le fret. (191, 261, 327, 428. — C. civil, 2102, n° 3.)

271.

Le navire et le fret sont spécialement affectés aux loyers des matelots. (191, 286, 307, 428, 433. — Arrêtés des 5 germinal et 26 floréal an XII.)

319.

Nul prêt à la grosse ne peut être fait aux matelots ou gens de mer sur leurs loyers ou voyages. (250 et suiv.)

386.

Le fret des marchandises sauvées, quand même il aurait été payé d'avance, fait partie du délaissement du navire, et appartient également à l'assureur, sans préjudice des droits des prêteurs à la grosse, de ceux des matelots pour leur loyer, et des frais et dépenses pendant le voyage. (191, 271, 286, 320, 327.)

389.

Le délaissement à titre d'innavigabilité ne peut être fait, si le navire échoué peut être relevé, réparé, et mis en état de continuer sa route pour le lieu de sa destination.

Dans ce cas, l'assuré conserve son recours sur les assureurs, pour les frais et avaries occasionnés par l'échouement. (369, 370, 400.)

435.

Sont prescrites

§ 1.

Toutes actions en paiement pour fret de navire, gages et loyers des officiers, matelots et autres gens de l'équipage, un an après le voyage fini.

JURISPRUDENCE.

26 1 277. 14 déc. 25. Rejet. Rennes, 23 août 23.

Par ces mots, *marchandises sauvées*, la loi a évidemment entendu, en le prenant même dans le sens grammatical, les marchandises qui se sont trouvées exposées au sinistre qui est devenu la cause du délaissement, et qui ont été sauvées.

C'est aussi dans cette même acception limitative que ces mots, « marchandises sauvées, effets sauvés, » ont été constamment employés dans divers articles du même Code, et notamment dans les articles 259, 303, 327, 331, 418, 423 et 425.

28 1 245. 5 juin 28. Rejet. Caen, 12 juillet 24.

Dans un voyage d'aller et de retour d'un navire, s'il y a eu assurance distincte et séparée pour le retour, les loyers et gages des gens de l'équipage pour l'aller restent à la charge de l'armateur assuré, bien que ces loyers, au cas de naufrage suivi de délaissement, doivent, comme les loyers du retour, être prélevés par privilége sur les débris et le fret du navire appartenant aux assureurs.

Dans ce cas, les assureurs ont action récursoire contre l'armateur pour se faire rembourser des loyers de l'aller dont ils doivent subir le prélèvement sur les débris et le fret du navire.

29 1 273. 2 juin 29. Cass. Rennes, 13 janvier 26.

L'administration de la marine est principalement et directement obligée de venir au secours des marins congédiés, et d'opérer leur retour en France. Lorsque l'administration a rempli cette obligation principale et directe, qui est à sa charge, elle a une action pour répéter des armateurs la somme dont elle a été tenue de faire l'avance pour ces objets. Son action n'a pas son principe dans sa subrogation aux droits des matelots (Code de comm., 252, 262); elle dérive de l'obligation principale qui est imposée à l'administration et du droit que la loi lui donne de contraindre les capitaines, maîtres ou patrons, à déposer les sommes nécessaires ou à donner caution.

Ordonnance du 31 octobre 1784, art. 16.

Arrêté du 5 germinal an XII, art. 3.

Pat. 31 257 du vol. 1er.   Aix, 19 novembre 30.

Les avances faites à l'équipage avant le départ, faisant partie des frais d'armement et de mise dehors du navire, ne peuvent être portées par l'emprunteur à la grosse sur corps du navire, vendu à cause de son innavigabilité, dans le compte rendu au prêteur, en déduction des profits faits par le navire.

Le privilége accordé par la loi aux matelots sur le fret, pour leurs salaires, continue de subsister, malgré la perte du navire, sur le fret déjà acquis, et encaissé par l'armateur ou le capitaine.

Infrà, police, art. 19.

32 2 160.   Rouen, 29 décembre 31.   Affaire Heurtaut.

Les loyers d'un équipage qui a péri sont dus, soit qu'ils aient été acquis avant l'innavigabilité du navire, soit depuis, pour le retour de l'équipage.

Infrà, police, art. 19.

34 2 479.   Bordeaux, 24 juillet 34.

En cas de perte entière du navire et des marchandises, par suite de naufrage, pendant le voyage de retour, les matelots ne peuvent prétendre aucun loyer sur le fret gagné par le navire dans le voyage d'aller.

Cette décision est conforme à l'opinion de Valin sur l'article 8 du livre III, titre IV, de l'ordonnance de 1681, et à celle de Bécane, qui a publié une nouvelle édition de Valin, avec des notes.

Emérigon enseignait une opinion contraire.

Boulay-Paty, dans son *Commentaire du droit maritime*, pense que les matelots peuvent réclamer, sur le fret acquis du voyage de l'aller, les loyers qui leur sont dus pour ce voyage, mais non ceux dus pour le voyage de retour pendant lequel le navire a péri.

Cette dernière jurisprudence est celle le plus généralement adoptée.

40 2 230.   27 août 39.   Conseil d'État.

L'obligation des armateurs de pourvoir aux frais de maladie des matelots mis à terre, pendant tout le temps de leur séjour dans les hôpitaux, ne saurait être limitée par des usages contraires.

Arrêté du 5 germinal an XII, art. 3.

41 2 531.   Rennes, 1er avril 41.

Le voyage d'aller et *le voyage de retour*, ou les différents voyages intermédiaires que fait un navire dans le cours d'une même expédition, doivent être considérés comme des voyages distincts et séparés, relativement aux loyers des matelots : lors donc que le navire a fait heureusement le voyage d'aller, ou plusieurs autres voyages intermédiaires, le fret acquis pendant ces différents voyages est soumis par privilége aux loyers dus aux matelots pour ces mêmes voyages, bien que le navire ait péri au retour de l'un d'eux.

Voyez en ce sens : Rouen, 29 déc. 31.   Sirey, 32 2 160.

En sens contraire : Bord., 24 juillet 34.   »   34 2 479.

POLICE.

ARTICLE 18.

§ 1.

Il n'est admis, dans les règlements d'avaries particulières sur corps, que les objets remplaçant ceux perdus ou endommagés par fortune de mer, et tous les remplacements à la charge des assureurs supportent une réduction d'un tiers sur leur coût justifié au lieu des réparations.

Cette réduction s'applique également à toutes les réparations, fournitures et mains-d'œuvre; cependant elle n'est jamais faite sur les ancres, et n'est que de quinze pour cent sur les chaînes-câbles en fer.

Les mêmes réductions sont applicables au règlement des indemnités dues pour avaries grosses par les assureurs sur corps.

CODE DE COMMERCE.

397.

Suprà, page 39.

JURISPRUDENCE.

29 1 317. 13 juillet 29. Cass. Rouen, 19 juin 26.
L. 46 155. Marseille, 5 nov. 43.

Dans le règlement entre l'assuré et l'assureur de l'avarie résultant du dommage qui a nécessité le remplacement à neuf du doublage en cuivre du navire, la déduction du tiers stipulée dans la police en faveur de l'assureur, pour différence du neuf au vieux, doit être exercée sur le coût entier du doublage, sans déduction préalable du produit du vieux cuivre remplacé.

§ 2.

Les vivres et gages de l'équipage, pendant les réparations du navire, ne sont point à la charge des assureurs (1).

300.

§ 3.

La nourriture et les loyers de l'équipage, pendant la détention du navire, sont réputés avaries. (258, 275, 397.)

JURISPRUDENCE.

46 1 180. 4 nov. 45. Rejet. Rennes, 17 janvier 43.

L'équipage ne pouvant être congédié pendant les réparations à faire à un navire, en pays étranger, les assureurs ne peuvent se refuser au paiement de ces frais de nourriture et de loyer. *Infrà,* police, art. 19.

---

(1) Code civil, article 6 : « On ne peut déroger par des conventions particulières aux lois qui intéressent l'ordre public et les bonnes mœurs. » (*Prêt à la grosse,* 316 et 318; *Assurances,* 347 et 365.)

§ 3.

*Dans les risques de pêche, les assureurs sont
exempts de toutes pertes et avaries sur les embar-
cations, ustensiles de pêche, ancres, chaines, câbles
et dépendances, pendant la pêche et le mouillage.*

*De même, dans les divers mouillages de l'île de
la Réunion, la perte, soit en avaries particulières,
soit en avaries grosses, quant aux assurances sur
corps, ancres, chaines, câbles et dépendances, n'est
pas à la charge des assureurs.*

JURISPRUDENCE.

34 2 431.   Bordeaux, 30 avril 34.

D'après les usages reçus sur la place de Bordeaux, l'île de la
Réunion est considérée, dans les stipulations maritimes, comme ne formant qu'un seul lieu d'escale. Ainsi, la faculté accordée par un contrat d'assurance de faire escale à l'île de la Réunion ne
doit pas être restreinte aux seuls ports de l'île qui se trouvent placés dans la ligne du voyage assuré; cette faculté comprend tous les ports de l'île.

DES CONTRATS A LA GROSSE.

311 et suiv.

10 1 184.   27 février 10. Rej.   Bruxelles, 13 déc. 08.   *Endossement.*

18 2 229.   Rouen, 23 mars 18.

Toute l'économie de la loi sur les risques entre le prêteur à
la grosse et l'emprunteur se trouve renfermée dans les articles 325 et 326 du Code de commerce.
Par l'article 325, le prêteur à la grosse supporte la perte de la chose prêtée, lorsque la chose qui
lui sert de gage est entièrement perdue par cas fortuit; mais, par l'article 326, « les déchets, diminutions et pertes qui arrivent par le vice propre de la chose, ne tombent point à la charge du prêteur; » d'où il suit que, si on admettait l'abandon du navire et du fret offert par les propriétaires
pour cette dernière cause, ce serait faire retomber sur le prêteur des déchets et diminutions dont il
est affranchi, renverser toute l'économie de la loi et contrevenir ouvertement aux dispositions de
l'article 326.

25 1 245.   17 février 24. Cass. Rouen, 12 janvier 21.   *Propriétaire failli.*

24 2 378.   Rouen, 14 mai 24.

Si les assureurs ne peuvent défalquer de la valeur assurée
les sommes empruntées à la grosse, c'est lorsque cet emprunt a été nécessité par les événements
survenus pendant le voyage qui a donné lieu à l'assurance; il n'en est pas de même lorsque l'emprunt, quoique postérieur à l'assurance, est fait pour des causes antérieures au voyage assuré.
Si, lorsque l'emprunt est fait pendant et à cause du voyage, il n'y a pas lieu à défalcation, c'est
par le motif que l'emprunt a été contracté pour la conservation de la chose, et conséquemment
dans l'intérêt des assureurs eux-mêmes; mais il en est autrement lorsque l'emprunt a été contracté,
soit pour payer des sommes dues, soit pour frais des réparations occasionnées par un précédent
voyage terminé. Dans ce cas, ces créances privilégiées grèvent et affectent le navire, en diminuent
la valeur, et s'opposent à ce que les assurés puissent réclamer celle qui est énoncée dans la police.

L'assurance ne peut être pour l'assuré un moyen d'acquérir; il ne peut bénéficier par suite de ce contrat; seulement il doit être indemnisé par les assureurs. Si l'on admettait que les assurés, à raison d'emprunts faits pour des causes antérieures au voyage, pussent réclamer contre les assureurs la somme intégrale portée dans la police, il en résulterait qu'indépendamment de cette somme, ils auraient encore fait servir à leur décharge, pour l'acquit des dettes privilégiées et antérieures au voyage, la somme énoncée dans le contrat à la grosse, ce qui est contraire aux principes de la matière.   347, 357, 379.

27 1 113. 19 juin 26. Rejet. Aix, 14 juillet 25.   48, 103, 312.

G. G. 29 244.   Bordeaux, 19 mai 29.

Un emprunt à la grosse de dollars, fait à Philadelphie et remboursable à Bordeaux, doit avoir lieu d'après le cours du change du dollar à Bordeaux sur Philadelphie, à l'époque du remboursement, et non d'après la valeur intrinsèque ou légale de cette monnaie.

Pat. 31 257 du vol. 1er.   Aix, 19 novembre 30.

Le capitaine, armateur et propriétaire du navire, qui a souscrit un billet de grosse pour un voyage désigné, et qui, pendant le cours du voyage, relâche dans un port où il fait annoncer publiquement, et pour la même destination, un second voyage auquel il est forcé de renoncer, n'est pas autorisé à dire, à défaut de chargement et de continuer le premier, que ce voyage n'est pas rompu, et que le risque du billet de grosse a continué de courir. (216, 311 et suiv.) Il devient personnellement débiteur si la perte du navire est survenue après l'annonce du second voyage.   *Suprà*, police, art. 17.

22 1 64.   28 nov. 21. Cass. Rouen, 28 nov. 18.   Sirey, 19 2 326.

32 1 160.   Rouen, 29 déc. 31.   Affaire Heurtaut : *Infrà*, police, art. 19.

42 2 18.   Rouen, 2 janv. 34.

41 1 5.   5 janvier 41. Cass. Amiens, 30 août 36.   Sirey, 37 2 160.

45 1 566. 9 juillet 45. Cass. Rouen, 21 août 41.   Mém. 6, page 126.

47 1 766. 24 août 47. Cass. Rouen, 4 janv. 44.

Le capitaine représente pendant le cours du voyage le propriétaire du navire pour tout ce qui est relatif au navire et à la cargaison; en conséquence, les actes faits par le capitaine pour les besoins et les nécessités de la navigation, obligent le propriétaire, conformément aux dispositions de l'article 1998 du Code civil et de l'article 216 du Code de commerce, sauf, le cas échéant, la faculté d'abandon du navire et du fret qui lui est accordée par ce dernier article.

Les formalités prescrites par l'article 234 du Code de commerce, c'est-à-dire la délibération des gens de l'équipage et l'autorisation du juge, ont uniquement pour objet de mettre le capitaine à portée de justifier de la nécessité des emprunts qu'il a souscrits, et d'éviter ainsi toute demande récursoire de la part du propriétaire; mais *ces formalités ne concernent pas le prêteur* qui a traité de bonne foi avec le capitaine, et qui n'est soumis à aucune justification à l'appui de son contrat de grosse. C'est ainsi qu'a toujours été entendu et appliqué l'article 19 du titre *du Capitaine*, de l'ordonnance de la marine de 1681, lequel exigeait, comme l'article 234 du Code de commerce, l'observation de formalités par le capitaine qui empruntait à la grosse. Si les rédacteurs du Code eussent voulu que l'absence des formalités énoncées dans l'article 234 pût être absolument opposée au prêteur de bonne foi et au capitaine, ils n'auraient pas admis une innovation aussi importante sans assujettir expressément l'un et l'autre à justifier de l'accomplissement de ces formalités. Non-seulement l'article 234 ne contient point, à cet égard, une disposition formelle, mais encore il ne résuite aucunement des observations et de la discussion qui a précédé sa dernière rédaction qu'on ait eu l'intention de déroger à l'article 19 précité de l'ordonnance de la marine. D'ailleurs, le véritable sens de l'article 234 se manifeste dans l'article 236, qui dispose que, « le capitaine qui aura, sans nécessité, pris de l'argent sur le corps, avitaillement ou équipement du navire, engagé ou vendu des marchandises ou des victuailles, ou qui aura employé dans ses comptes des avaries et des dépenses supposées, sera responsable envers l'armement, et personnellement tenu du remboursement de l'argent ou du paiement des objets, sans préjudice de la poursuite criminelle, s'il y a lieu ; » ce qui prouve que le propriétaire doit, sauf son recours contre le capitaine, désintéresser les tiers envers lesquels il se trouve engagé par le fait de celui-ci, qui est son mandataire légal.

Aux termes de l'article 312, le prêteur à la grosse n'est soumis aux formalités de l'article 234 que pour la conservation de son privilége ; d'où il suit nécessairement qu'il conservera ses droits et son titre contre le propriétaire ou armateur du navire. Enfin, l'article 313 assimile à un effet de commerce, négociable par la voie de l'endossement, le contrat de grosse fait à ordre ; ce qui repousse l'idée que le porteur, saisi par un endos régulier, puisse être contraint d'ajouter à son titre des pièces justificatives de la délibération des gens de l'équipage et de l'autorisation du juge.

. Les vice-consuls français ont qualité pour autoriser en pays étranger les capitaines de navires à emprunter à la grosse ; cette autorisation n'est pas un acte de juridiction que les consuls seuls peuvent exercer, et qui est interdite aux vice-consuls par l'article 2 de l'ordonnance du 26 octobre 1833.

27 1 394. 16 juillet 27. Cass. Aix, 25 mars 25.

35 1 355. 14 mai 33. Rejet. Rouen, 26 juillet 32.

54 1 515. 1er juillet 34. Cass. Aix, 8 fév. 31.

Mém. 3 526. Rouen, 6 juin 39.

Mém. 6 306. 24 janv. 42. Cass.

Mém. 8 141. Rouen, 7 juillet 45.

Il n'existe dans le Code de commerce aucune disposition explicite par laquelle, en dérogeant à l'article 2092 du Code civil, les propriétaires de navires aient été dispensés de remplir sur leurs biens mobiliers et immobiliers les engagements contractés pour eux par le capitaine envers les prêteurs à la grosse, lorsqu'ils l'ont été dans les termes du mandat, suivant la règle générale établie par l'article 1998. A défaut d'un texte précis qui eût été nécessaire pour autoriser une semblable disposition, la cour d'Aix n'a pas dû appliquer, à l'obligation résultant de l'article 234, l'exception créée par l'article 216, dans lequel le législateur, après avoir ordonné que le propriétaire serait *civilement responsable* des faits du capitaine, ajoute que « la responsabilité cesse par l'abandon du navire et du fret. »

Cette expression, *civilement responsable*, ne peut s'entendre que du cas où il y a eu faute ou quasi-délit commis par le capitaine.

Pat. 32 250 du vol. 2. Marseille, 21 mars 32.

En droit, le sauvetage doit être réparti au marc le franc entre les assureurs et les donneurs à la grosse (331 du Code de commerce). Par suite, les donneurs à la grosse n'ont point de droit de préférence à exercer.

L'article 191 du Code de commerce n'est relatif qu'au cas de vente volontaire et forcée d'un navire, mais est étranger au cas de naufrage et à la répartition du sauvetage entre les donneurs à la grosse et les assureurs sur corps.

Mém. 2 394. Aix, 10 août 38.

Un billet de grosse non enregistré au greffe du tribunal de

commerce n'est, à l'égard des tiers privilégiés, qu'un titre sans force et sans valeur. Celui qui est à la fois porteur d'un billet non enregistré et d'un autre billet de grosse à l'égard duquel ont été remplies les formalités de l'article 312, ne peut imputer sur le billet irrégulier la somme par lui touchée pendant le voyage, lors même que le billet aurait été stipulé payable au lieu où la somme a été reçue. L'imputation doit avoir lieu, au contraire, sur le billet de grosse enregistré admis par privilége à la distribution du prix du navire.

39 2 370.　　　　　　　Bordeaux, 5 février 39.

44 2 295.　　　　　　　Caen, 28 février 44.

L. 45 271.　　　　　　　Seine, 15 janvier 45.

Le contrat à la grosse étant essentiellement aléatoire, il s'ensuit que le profit maritime n'est pas dû lorsque le prêteur n'a couru aucun risque, par exemple, lorsqu'il s'est fait consentir par l'emprunteur une lettre de change pour le paiement de la somme prêtée, au cas de perte du navire : dans ce cas, l'emprunteur est libéré par le paiement de la lettre de change qu'il a souscrite.

43 1 939.　31 mars 43. Rejet.　Douai, 21 janvier 42.

Le montant d'un prêt à la grosse, stipulé payable après l'arrivée du navire à sa destination, est dû, encore bien que le navire ne soit pas arrivé à destination, si le voyage a été rompu par le fait de l'emprunteur qui, dans un port de relâche, a désarmé le navire et congédié l'équipage.　　Analogue : Marseille, 18 juin 21.

44 1 197.　20 février 44. Rejet.　Rouen, 23 mai 40.

L'enregistrement d'un contrat à la grosse, fait en France, peut avoir lieu au greffe du tribunal de commerce où le contrat est passé, ou au greffe du tribunal du domicile du prêteur, tout aussi bien qu'au greffe du tribunal du domicile de l'emprunteur.

Un prêt à la grosse est valablement fait sur des bateaux de pêche, bien qu'ils soient seulement destinés à des courses journalières sur les côtes, et non à des voyages proprement dits.

L'intérêt dû pour les sommes prêtées à la grosse, depuis l'expiration des risques jusqu'au remboursement, est privilégié comme le capital et le profit maritime.

Le privilége n'est pas le prix du risque, il est la condition, sans laquelle le prêteur n'aurait pas consenti à prêter; il suffit dès lors que le prêt ait eu lieu et que les parties aient eu l'intention de faire un contrat à la grosse, avec tous les effets que ce contrat produit, pour que le privilége doive exister; sans cela, il n'y aurait pas véritablement de prêt à la grosse possible.

44 2 399.　　　　　　　Bordeaux, 3 avril 44.

Le propriétaire ou armateur d'un navire est tenu du paiement des lettres de change tirées sur lui, en cours de voyage, par le capitaine, et causées « valeur en règlement de compte pour le navire, » alors surtout qu'il est prouvé que ces valeurs ont été réellement employées aux besoins du navire.

POLICE.	CODE DE COMMERCE.
### Article 19.	### 232.
Les primes des emprunts à la grosse, contractés pour réparations et dépenses extraordinaires faites en cours de voyage, ne sont à la charge des assureurs que jusqu'au lieu de destination de ce voyage.	Le capitaine, dans le lieu de la demeure des propriétaires ou de leurs fondés de pouvoir, ne peut, sans leur autorisation spéciale, faire travailler au radoub du bâtiment, acheter des voiles,

Tous emprunts faits audit lieu leur demeurent étrangers.

cordages et autres choses pour le bâtiment, prendre à cet effet de l'argent sur le corps du navire, ni fréter le navire. (236 et suiv., 321.)

234.

Si, pendant le cours du voyage, il y a nécessité de radoub ou d'achat de victuailles, le capitaine, après l'avoir constaté par un procès-verbal signé des principaux de l'équipage, pourra, en se faisant autoriser en France par le tribunal de commerce, ou, à défaut, par le juge de paix, chez l'étranger, par le consul français, ou, à défaut, par le magistrat des lieux, emprunter sur le corps et quille du vaisseau, mettre en gage ou vendre des marchandises jusqu'à concurrence de la somme que les besoins constatés exigent.

Les propriétaires, ou le capitaine qui les représente, tiendront compte des marchandises vendues, d'après le cours des marchandises de même nature et qualité, dans le lieu de la décharge du navire, à l'époque de son arrivée. (72, 191, 236, 249, 298, 312, 400.)

L'affréteur unique ou les chargeurs divers, qui seront tous d'accord, pourront s'opposer à la vente ou à la mise en gage de leurs marchandises, en les déchargeant et en payant le fret en proportion de ce que le voyage est avancé. A défaut du consentement d'une partie des chargeurs, celui qui voudra user de la faculté de déchargement sera tenu du fret entier sur ses marchandises. (216, 298. — Code civil, 1167.)

236.

Le capitaine qui aura, sans nécessité, pris de l'argent sur le corps, avitaillement ou équipement du navire, engagé ou vendu des marchandises ou des victuailles, ou qui aura employé dans ses comptes des avaries et des dépenses supposées, sera responsable envers l'armement, et personnellement tenu du remboursement de l'argent ou du paiement des objets, sans préjudice de la poursuite criminelle, s'il y a lieu. (234, 298. — Loi du 10 avril 1825, art. 14.)

JURISPRUDENCE.

25 2 297.   Poitiers, 25 juin 24.

Les obligations de l'assureur, dans le cas où il ne peut pas y avoir lieu à délaissement, sont déterminées par les articles 371 et 389 du Code de commerce, et s'il résulte des dispositions combinées de ces articles que l'assuré conserve son recours contre l'assureur pour les frais et avaries occasionnés par l'échouement, il en résulte également que les frais et avaries doivent être préalablement réglés entre l'assureur et l'assuré, à raison de leurs intérêts, ce qui exclut l'idée que l'assureur soit tenu de concourir par des avances aux réparations qui sont nécessaires pour mettre le navire en état de continuer sa route.

G. G. 30 363.   Bordeaux, 30 mars 30.

L'assureur, pour le voyage d'aller, doit rembourser à l'assuré le profit maritime de l'emprunt à la grosse fait par le capitaine pour avaries survenues pendant le voyage, quoique contracté après l'arrivée au port de destination ; mais il ne devrait pas rembourser au delà de l'intérêt, au taux ordinaire du commerce, si l'assuré avait des fonds disponibles au lieu de l'emprunt.

32 1 160.   Rouen, 29 décembre 31.   Aff. Heurtaut.

Un capitaine de navire peut souscrire un emprunt à la grosse lorsque le navire, déclaré innavigable, a été vendu.

33 2 199.   Rennes, 18 décembre 32.

Le capitaine autorisé par la loi, au cas de nécessité du radoub ou d'achat de victuailles, pendant le cours du voyage, à mettre en gage ou à vendre les marchandises du chargement, peut, par cela même, les affecter à un emprunt à la grosse.

38 2 175.   Paris, 27 mars 38.

Lorsque, pendant le voyage d'un navire porteur de marchandises assurées, un emprunt à la grosse a été contracté pour la réparation d'avaries éprouvées par le navire, l'assuré est tenu d'avancer, lors de l'arrivée du navire à sa destination, les sommes nécessaires pour rembourser l'emprunt ; il ne peut obliger l'assureur à intervenir pour ce remboursement. Ce dernier n'est tenu que du paiement des avaries lorsqu'elles auront été liquidées. Que si, faute par l'assuré de faire cette avance, les marchandises assurées sont vendues à la requête du prêteur à la grosse pour un prix dont les trois quarts au moins se trouvent absorbés par le remboursement de la créance, on ne peut dire que ce soit là une perte dans le sens de l'art. 369, donnant lieu au délaissement.   371 et 389.

41 2 485.   Paris, 20 mars 41.   Aff. Violet.

L'objet du contrat d'assurance est de garantir et indemniser l'assuré des pertes et dommages qu'il peut éprouver par fortune de mer dans les choses assurées. L'armateur ou le capitaine d'un navire assuré doivent pourvoir aux réparations des avaries survenues pendant le voyage ; ils doivent y apporter tous les soins d'un bon père de famille, afin de ne pas aggraver les obligations des assureurs, qui sont tenus de rembourser les dépenses.

D'un autre côté, l'assuré n'est pas tenu de faire le sacrifice de ses intérêts personnels pour alléger la charge des assureurs. Il suit de ces principes que, lorsque le capitaine possède des fonds appartenant à l'armement, qui sont dans ses mains sans destination spéciale, et dont il peut disposer sans nuire aux intérêts de l'armateur, il doit les employer aux réparations dont le navire a besoin, au lieu de recourir à la ressource onéreuse d'un emprunt à la grosse, qui grèverait les assureurs d'une prime plus ou moins considérable.

Mém. 7 332.   Seine, 22 août 42.

Doit être considéré comme lieu de destination le port où le navire aborde pour prendre un chargement, et non en relâche forcée, pendant le temps fixé pour la durée de l'assurance, lorsque, dans cette assurance à terme et à prime liée, il a été stipulé que « *les primes des emprunts à la grosse, contractés pour réparations et dépenses extraordinaires faites en cours de voyage, ne seront à la charge des assureurs que jusqu'au lieu de destination*, » tous emprunts audit lieu leur demeurant étrangers;

Et, d'autre part, que *chaque voyage* dont la fin serait déterminée, en fixant le commencement des risques du moment où le navire aurait été démarré, et la fin cinq jours après qu'il aurait été ancré et amarré au lieu de sa destination (*Suprà*, police, art. 5), *devra être l'objet d'un règlement particulier* (*Suprà*, police, art. 16); en conséquence, l'assureur n'est tenu en rien au change maritime de l'emprunt contracté au même lieu pour réparation au navire; il ne doit supporter que sa part dans les avaries.   *Suprà*, police, art. 16.

L. 45 46.   Havre, 6 mai 43.

Le capitaine d'un navire ne peut se faire à lui-même un prêt à la grosse; il ne peut non plus prêter en cette forme au navire des espèces prises dans la cargaison. Lorsque le capitaine a employé des espèces pour les besoins du navire, il y a lieu d'en répartir la perte, par voie de règlement d'avaries, entre ceux qui sont soumis à ces avaries.

46 1 180. 4 nov. 45. Rejet. Rennes, 17 janvier 43.

L'indemnité, qui doit être complète, ne le serait pas si elle ne comprenait *la prime de l'emprunt à la grosse* que le capitaine, qui a justifié ne pas avoir eu des fonds pour réparer les avaries, fut obligé de contracter pour pourvoir à la dépense qu'elles nécessitaient. En mettant cette somme à la charge des assureurs d'aller, ce n'est point les constituer assureurs du voyage de retour, mais les soumettre seulement au remboursement des frais faits pour les réparations des avaries éprouvées pendant le cours du voyage par eux assuré. Le capitaine, en contractant un emprunt, agissait tellement pour eux et dans leur intérêt, que si, faute de fonds ou de matériaux nécessaires pour réparer les avaries souffertes, la réparation fût devenue impossible, il pouvait en résulter une innavigabilité relative qui eût été à leur charge, puisqu'elle eût été la suite immédiate et le résultat forcé des fortunes de mer éprouvées pendant le voyage.

48 2 737.   Paris, 6 décembre 48.   Délaissement du brick le *Frédéric*. — *Même jurisprudence*.

POLICE.

ARTICLE 20.

Sont francs d'avaries particulières les fruits verts et secs, les fromages, les laines en suint, le sel, les plumes, les liquides en bouteilles, les glaces et autres objets fragiles et les marchandises sujettes à la rouille; cependant, en cas d'abordage ou d'échouement avec bris, les avaries particulières sur ces objets sont payées sous déduction de quinze pour cent de la valeur assurée.

En cas d'avaries particulières sur d'autres

CODE DE COMMERCE.

408.

Une demande pour avarie n'est point recevable, si l'avarie commune n'excède pas un pour cent de la valeur cumulée du navire et des marchandises, et si l'avarie particulière n'excède pas aususi un pour cent de la valeur de la chose endommagée.

409.

La clause *franc d'avaries* affranchit les assureurs de toutes avaries, soit communes, soit par-

marchandises, les assureurs ne paient que l'excédant de (1) :

La quotité de franchise sur les objets non désignés dans le tableau qui précède est fixée à cinq pour cent.

La franchise de dix pour cent déterminée ci-dessus pour les liquides en futailles est indépendante de la franchise du coulage ordinaire, laquelle est fixée : à deux pour cent pour le petit cabotage, à quatre pour cent pour le grand cabotage, et à dix pour cent pour le long cours.

ARTICLE 21.

Les franchises déterminées par l'article précédent ne se prélèvent que dans le cas d'avaries matérielles. Les avaries particulières qui ne se composent que de frais, ou qui proviennent d'une contribution proportionnelle, sont remboursées sous la retenue d'un pour cent de la somme assurée, et cela indépendamment des avaries particulières matérielles.

ticulières, excepté dans les cas qui donnent ouverture au délaissement; et, dans ces cas, les assurés ont l'option entre le délaissement et l'exercice d'action d'avarie. (369, 371.)

JURISPRUDENCE.

28 2 248.   Aix, 18 février 28.   *Suprà*, art. 332, § 12.

31 1 276. 8 février 31. Rejet. Aix, 17 août 27.

La stipulation de franchise, dans les avaries, ne doit sortir

(1) TROIS POUR CENT SUR		CINQ POUR CENT SUR	DIX POUR CENT SUR		QUINZE POUR CENT SUR
Alun.	Métaux.	Alizari.	Amandes en futailles.	Noir animal.	Cacao en vrac.
Beurre.	Mercerie.	Bijouterie fausse.	Amidon.	Noir de galle.	Grains et Graines en vrac.
Bois.	Orfévrerie et Bijouterie fines.	Cacao en futailles.	Anis.	Papier et Librairie en caisses.	Légumes secs.
Brai et Goudron.	Passementerie.	Café en sacs ou balles.	Cacao en sacs ou balles.	Pelleteries.	Nitrates.
Café en futailles.	Pierres précieuses.	Charbon de terre.	Café en vrac.	Poissons secs ou salés.	Paille et Foin.
Cannelle.	Piment en sacs.	Colle en futailles ou en caisses.	Chanvre et Lin.	Poivre et Piment en vrac.	Papier et Librairie en balles.
Cassia lignea.	Poivre en sacs.	Cordages non goudronnés.	Crins et Poils.	Potasse, Perlasse et Védasse.	Tourteaux.
Cire.	Quinquina.	Cornes.	Cuirs et Peaux.	Riz en sacs.	
Clous de girofle.	Rubans.	Coton filé.	Écorces de chêne.	Sel de soude.	
Cochenille.	Savon.	Curcuma.	Farine en sacs.	Soude.	
Cordages goudronnés.	Soies et Soieries.	Farine en barils.	Fleur de soufre.	Sucre en sacs ou balles.	
Coton brut.	Soufre.	Gingembre en futailles.	Gingembre en sacs.	Sumac.	
Draps et autres Étoffes de laine	Suif.	Gomme en futailles.	Gomme en sacs ou en vrac.	Tabac en sacs ou balles.	
Espèces monnayées.	Thé.	Riz en futailles.	Grains et graines en barils ou en sacs.	Teintures.	
Garance en futailles.	Toileries et autres Tissus de lin et de coton.	Sellerie.	Gravures et Lithographies.	Toiles bleues dites Guinées.	
Indigo.	Vif-Argent.	Sucres en futailles ou en caisses.	Laines Cachemire.	Viandes salées.	
Laines lavées.	Verdet.	Tabac en futailles.	Liquides en futailles.		

à effet que dans le cas de perte partielle ne donnant pas lieu à l'abandon, c'est-à-dire dans le cas où l'assuré n'éprouve que des avaries; mais le cas de sinistre majeur, donnant lieu à l'abandon, est soumis à d'autres règles.

L'article 409 du Code de commerce laissant, en pareil cas, à l'assuré l'option entre le délaissement et l'action en avaries, il est évident que la loi a mis ces deux choses sur la même ligne, et a voulu leur faire produire les mêmes effets, et qu'ainsi, l'assuré optant pour l'action en avaries, doit y être tout aussi intégralement indemnisé qu'il le serait dans l'abandon, et que c'est ce que la loi a exprimé en déterminant que « la clause *franc d'avaries* produirait son effet, excepté dans les cas qui donnent lieu au délaissement. »

Cet article 409 ne distingue pas entre la clause *franc d'avarie totale* et celle *franchise matérielle*; elle établit un principe général applicable à tous les cas de délaissement et à toutes les stipulations de franchise d'avaries. Cela est évidemment conforme à son esprit ; car, si l'assuré était, en pareil cas, soumis à la franchise matérielle, ce serait le priver d'une partie des droits à lui attribués par le sinistre majeur, mettre une différence entre les effets de l'abandon et de l'action en avaries, que la loi a voulu, cette fois, placer sur la même ligne, et oublier que, dans ce cas, l'action en avaries doit rendre l'assuré entièrement indemne de la perte, et n'être, sous ce rapport, que la représentation de l'abandon, le mode de paiement de l'entier préjudice éprouvé par l'assuré.

Vainement les assureurs objectent qu'au moyen de l'option pour l'action d'avaries l'assuré profite des bénéfices produits par les objets sauvés; ces bénéfices ne peuvent jamais entrer dans l'assurance; les assureurs ne peuvent en profiter, et c'est pour les attribuer à l'assuré que la loi a laissé l'option, sans pour cela entendre lui enlever aucun des effets du délaissement, qui sont l'indemnité de toutes les pertes qu'il a éprouvées.

L. 44 27.	Marseille, 20 déc. 42.	
L. 44 288.	» 10 mars 43.	*Suprà*, art. 332, § 6.
L. 45 157.	Havre, 30 mai 43.	

La clause en vertu de laquelle les assureurs se sont affranchis des avaries corporelles sur toutes marchandises sujettes à la rouille, sauf le cas d'échouement ou d'abordage, s'applique aux articles de cuivre, comme à ceux de fer et d'acier.

28 2 248.	Aix, 18 février 28.	*Suprà*, article 332, § 12.

L'assuré n'est tenu de donner connaissance à l'assureur que des événements qui peuvent être à sa charge. Lors donc que l'assureur est *franc d'avaries*, l'assuré n'est pas obligé de lui donner connaissance des avaries qui ont eu lieu; dans ce cas, s'il arrive que, par suite des avaries, le navire soit déclaré innavigable, le délaissement est valablement fait, s'il est signifié dans le délai légal, à partir du jugement qui a déclaré l'innavigabilité, bien que ce délai fût écoulé entre l'époque où l'assuré a reçu la nouvelle du sinistre et l'époque du délaissement.

L. 45 94.	Marseille, 15 octobre 45.	*Suprà,* police, art. 12, § 3.

L'action exercée par l'assuré en vertu de l'article 409, par laquelle il convertit son délaissement en action d'avarie, fait cesser l'effet de la clause *franc de coulage* qui affranchissait les assureurs de toutes avaries sur les liquides, soit communes, soit particulières, les replace sous l'empire du droit commun, et ne leur donne droit qu'aux franchises stipulées expressément pour le cas d'action d'avaries dans la police.

L. 45 377.	Bordeaux, 15 mars 44.	Tribunal de commerce.

La faculté de faire échelle ne suppose pas nécessairement la division du capital, de telle sorte que si la valeur des objets de l'assurance a été fixée sans division dans la police, *la franchise d'avaries* doit être calculée sur cette valeur entière, et non sur la valeur des marchandises restant après un déchargement fait sans avaries dans un premier port d'échelle, et quoique les avaries éprouvées ultérieurement dans le trajet du navire à un autre port n'aient affecté, par conséquent, que la partie des marchandises non vendues à la première escale.

L. 47 341.   Rennes, 25 novembre 46.   *Suprà*, police, art. 12, § 3.

POLICE.

Article 22.

La somme souscrite par chaque assureur est la limite de ses engagements;

Il ne peut jamais être tenu de payer au delà.

CODE DE COMMERCE.

358.

S'il n'y a ni dol ni fraude, le contrat est valable jusqu'à concurrence de la valeur des effets chargés, d'après l'estimation qui en est faite ou convenue.

En cas de pertes, les assureurs sont tenus d'y contribuer chacun à proportion des sommes par eux assurées.

Ils ne reçoivent pas la prime de cet excédant de valeur, mais seulement l'indemnité de demi pour cent. (359, 360, 401.)

359.

S'il existe plusieurs contrats d'assurance faits sans fraude sur le même chargement, et que le premier contrat assure l'entière valeur des effets chargés, il subsistera seul.

Les assureurs qui ont signé les contrats subséquents sont libérés; ils ne reçoivent que demi pour cent de la somme assurée.

Si l'entière valeur des effets chargés n'est pas assurée par le premier contrat, les assureurs qui ont signé les contrats subséquents répondent de l'excédant, en suivant l'ordre et la date des contrats. (335, 357.)

360.

S'il y a des effets chargés pour le montant des sommes assurées, en cas de perte d'une partie, elle sera payée par tous les assureurs de ces effets, au marc le franc de leur intérêt. (358, 401.)

393.

Suprà, police, art. 13.

JURISPRUDENCE.

23 1 138. 8 janvier **23**. Cass. Poitiers, 8 février 20.

Pat. 31 200. 27 déc. 30. Rej. Aix, 13 novembre **28**.

Si l'article 332 exige que la police exprime la chose assurée et le coût de l'assurance, c'est d'après le principe qu'en cas de perte totale de la chose assurée, « les assureurs ne sont tenus que jusqu'à concurrence de la somme qu'ils ont assurée et dont ils ont reçu la prime. » Ce principe, fondé sur la nature des choses et commun à tous les contrats synallagmatiques, est consacré par l'article 393, sans être contredit par l'article 350 du même Code, qui, en déclarant que les assureurs sont responsables de toutes les fortunes de mer, ne dit pas qu'ils en répondront même au delà de la somme qu'ils ont assurée. Il serait aussi contraire à l'équité qu'à l'essence de tout contrat, qui renferme des obligations réciproques et proportionnelles, d'assujettir l'assureur qui ne stipule et qui ne reçoit de prime que pour une somme déterminée, à fournir une somme plus forte que celle pour laquelle il s'est engagé, et à raison de laquelle il a reçu la prime qui est le prix de son engagement.

G. G. 29 57. Bordeaux, 27 janvier **29**.

41 2 138. » 18 avril 39.

Un assureur ne peut demander la nullité de la police par lui souscrite sous prétexte qu'il y a eu une première assurance sur les marchandises par lui assurées, si l'assuré prouve par l'original de la première assurance qu'elle a été annulée sans fraude.

31 1 16. 15 déc. 30. Rejet. Bordeaux, 3 décembre **27**.

L'assureur d'un navire peut, en cas de perte totale du navire, être condamné à rembourser, outre la somme assurée, le montant des avaries éprouvées en cours de voyage, lorsque, par la police d'assurance, l'assureur a pris à sa charge tous les périls généralement quelconques; du moins l'arrêt qui le juge ainsi, par interprétation des stipulations contenues dans la police d'assurance, échappe, sous ce rapport, à la censure de la Cour de cassation. En sens contraire : *Suprà*, C. de cass., 8 janvier **23**.

42 2 97. Bordeaux, 8 mars **41**.

Est en dernier ressort le jugement rendu sur une demande formée contre un assureur pour une somme inférieure au taux du dernier ressort, encore bien que, pour la même demande, des sommes excédant ce taux aient été demandées à d'autres assureurs, si, bien qu'engagés par la même police, ces divers assureurs n'ont contracté que pour le montant de leur assurance particulière. *Suprà*, police, art. 12, § 2.

Mém. 7 206. Bordeaux, 14 nov. **42**.

Dans un règlement d'avaries, les assureurs qui ont signé individuellement la police ne sont pas solidaires entre eux; en conséquence, si la demande formée contre chacun d'eux est moindre de 1,500 francs, les juges de première instance ont statué en dernier ressort, bien que la somme de la demande formée par un seul exploit contre tous dépasse de beaucoup ce chiffre.

L. 45 19. Aix, 5 janvier **44**. *Même jurisprudence.*

L. 47 263. Seine, 29 avril **47**.

Lorsque deux polices sont souscrites sur un même chargement, et chacune pour la totalité, la première en date reçoit seule effet.

Si l'une des deux polices a été directement et définitivement souscrite par une compagnie d'assurance, et que le contrat qui a donné lieu à l'autre n'ait consisté d'abord que dans une promesse d'assurer souscrite par l'agent d'une autre compagnie, promesse soumise à l'approbation du directeur, la police définitive doit être considérée comme la première en date, quoique la promesse d'assurer soit antérieure.

POLICE.

ARTICLE 23.

Les indemnités pour sinistres et avaries grosses et particulières sont réglées suivant les lois et usages de France, quels que soient les lieux où le sinistre est survenu, où le voyage s'est terminé, et où le règlement en a été opéré.

CODE DE COMMERCE.

414.

L'état des pertes et dommages est fait dans le lieu du déchargement du navire, à la diligence du capitaine et par experts.

Les experts sont nommés par le tribunal de commerce, si le déchargement se fait dans un port français.

Dans les lieux où il n'y a pas de tribunal de commerce, les experts sont nommés par le juge de paix.

Ils sont nommés par le consul de France, et, à son défaut, par le magistrat du lieu, si la décharge se fait dans un port étranger.

Les experts prêtent serment avant d'opérer.

417.

La répartition pour le paiement des pertes et dommages est faite sur les effets jetés et sauvés, et sur moitié du navire et du fret, à proportion de leur valeur au lieu du chargement. (327, 331, 419 et suiv., 423, 427.)

JURISPRUDENCE.

26 2 207.
    Bordeaux, 10 janvier 26.
Des certificats et attestations délivrés par des tiers appelés à la réception des marchandises ne peuvent suppléer le procès-verbal d'experts exigé par l'article 106 du Code de commerce, à l'effet de constater le mauvais état de ces marchandises.

29 2 172.
    Aix, 2 mai 28.
Les articles 414, 415 et 416 du Code de commerce ne s'appliquent qu'aux navires français et ne peuvent régir les étrangers, puisque le Code n'est qu'une loi française. C'est là la conséquence de ce principe de droit public et du droit des gens que « le pavillon couvre toujours la marchandise. »
On ne doit recourir au juge du lieu qu'à défaut de consul de la nation.

30 2 336.
    Rennes, 9 février 29.
De ce que le tribunal du lieu du déchargement d'un navire est compétent, aux termes de l'article 414 du Code de commerce, pour connaître du règlement et de la répartition des avaries communes entre les différents propriétaires du navire et des marchandises, il ne s'ensuit pas qu'il soit également compétent pour connaître, entre les assureurs et les assurés, de l'action en paiement des avaries particulières arrivées aux marchandises. A cet égard, l'action de l'assuré contre l'assureur doit, comme une action purement personnelle, être portée devant le tribunal du domicile de l'assureur. Code de procédure, 59.

Mém. 3 214.   La Rochelle, 15 juin 39.

40 1 857. 13 août 40. Rejet. Bordeaux, 14 mars 39.

Si, aux termes de l'article 414 et suiv., les avaries survenues dans le cours d'un voyage de mer doivent être constatées au lieu du déchargement du navire, et si l'état des pertes et dommages doit être dressé dans ce lieu, cette règle cesse dans le cas où il y a impossibilité de faire procéder au lieu du déchargement aux opérations nécessaires pour constater les avaries et d'y réunir les éléments de cette constatation.

41 1 177. 16 février 41. Rej. Bordeaux, 27 mars 39.

Les articles 414 et suiv. du Code de commerce composent un ensemble de dispositions qui n'ont eu pour but que d'assurer l'efficacité de l'action réelle créée, dans le cas de contribution pour cause de jet, par l'article 416 du même Code; c'est dans cette vue que l'article 414 veut que l'état des pertes soit dressé par des experts au lieu du déchargement; car les objets jetés, dont il faut connaître la valeur pour arriver à la contribution, ne peuvent avoir d'autre prix que celui que donne le cours marchand dans le lieu où ils étaient allés tenter la fortune commerciale. Par une conséquence de cette première disposition, l'article 416 veut aussi que la ré-partition des pertes et dommages à opérer sur les objets jetés et sauvés soit faite par les experts et rendue exécutoire par les autorités compétentes au lieu du déchargement, parce que, d'une part, c'est par le prix courant en ce lieu qu'il est possible de déterminer la valeur de l'actif sauvé, et que, de l'autre, cet actif étant composé de meubles sujets à disparaître, devait être atteint et grevé de sa part contributive avant tout déplacement, et les choses étant encore entières. Mais aucune de ces opérations n'est nécessaire alors qu'il s'agit de l'action personnelle de l'assuré contre l'assureur pour se faire indemniser en vertu de la police d'assurance; la valeur des objets jetés résulte, dans ce cas, de cette même police, et est indépendante des fluctuations en hausse et en baisse de la mar-chandise au lieu du déchargement.

L. 47 360.   Marseille, 24 juillet 46.

Il est de principe que le règlement d'avaries communes fait en justice par le juge compétent, est obligatoire pour les assureurs; que si la doctrine et la juris-prudence l'ont ainsi consacré à l'égard des jugements rendus en pays étranger, à plus forte raison les assureurs doivent-ils respecter les décisions de la justice nationale.

Il est également de doctrine et de jurisprudence qu'il n'est pas nécessaire d'appeler les assureurs, même présents sur les lieux, aux règlements d'avaries communes qui se font en justice; que si parfois on leur dénonce l'existence d'une instance poursuivie par le capitaine, afin qu'ils puissent y intervenir, si bon leur semble, et à leurs frais, c'est là une précaution et non une obligation im-posée à l'assuré, les assureurs devant d'ailleurs se tenir au courant des événements qui les inté-ressent, et pouvant facilement savoir si les risques qui se terminent dans les lieux où ils résident, ont été ou non sujets à des événements qui engagent leur responsabilité.

POLICE.	CODE DE COMMERCE.

ARTICLE 24.

Toutes pertes et avaries à la charge des assu-reurs sont payées comptant et sans escompte, quinze jours après la remise des pièces justificatives, au porteur de ces pièces et de la présente police, sans qu'il soit besoin de procuration.

332, § 13. ⎫
336.   ⎬ *Suprà*, police, art. 5, § 3.
357.   ⎭

374.

Dans le cas où le délaissement peut être fait,

et dans le cas de tous autres accidents au risque des assureurs, l'assuré est tenu de signifier à l'assureur les avis qu'il a reçus.

La signification doit être faite dans les trois jours de la réception de l'avis. (378, 384, 387, 390. — Proc., 1033.)

382.

Si l'époque du paiement n'est point fixée par le contrat, l'assureur est tenu de payer l'assurance trois mois après la signification du délaissement. (373.)

383.

Les actes justificatifs du chargement et de la perte sont signifiés à l'assureur avant qu'il puisse être poursuivi pour le paiement des sommes assurées. (222, 246, 281, 384.)

384.

L'assureur est admis à la preuve des faits contraires à ceux qui sont consignés dans les attestations. (Proc., 256.)

L'admission à la preuve ne suspend pas les condamnations de l'assureur au paiement provisoire de la somme assurée, à la charge par l'assuré de donner caution. (C. civil, 2040.)

L'engagement de la caution est éteint après quatre années révolues, s'il n'y a pas eu de poursuite. (C. civil, 2244, 2264.)

408.

Suprà, police, art. 20 et 21.

JURISPRUDENCE.

4 2 69.	10 pluv. 12. Rejet.	Douai, 13 pluviôse 11.	
13 1 450.	1er sept. 13. Cass.	Rennes, 9 août 11.	242 et suiv.
27 2 245.		Rennes, 24 août 24.	242 et suiv.
26 2 254.		Bordeaux, 11 juillet 26.	247 et suiv.
44 2 659.		Bordeaux, 22 février 44.	

La loi ne détermine point la nature des actes qui doivent

justifier les pertes; suivant l'article 384, d'accord, en cela, avec l'article 61 de l'ordonnance de 1681, ces actes peuvent être de simples attestations.

Le rapport du capitaine est exigé principalement dans l'intérêt public et comme mesure de police maritime, soit que le navire soit assuré, soit qu'il ne le soit pas. La vérification de ce rapport n'est pas prescrite à peine de nullité par l'article 247 du Code de commerce; il résulte bien de cet article que le rapport non vérifié n'est pas admis à la décharge du capitaine et qu'il ne fait pas foi en justice, c'est-à-dire qu'à défaut de cette formalité, on ne lui accorde point une entière confiance; mais on ne saurait en conclure qu'un rapport non vérifié soit entièrement nul (surtout quand on ne l'invoque pas contre le capitaine), ni qu'à défaut de cette vérification, l'assuré soit sans action contre l'assureur. En exigeant la signification à l'assureur des actes justificatifs du déchargement et de la perte, l'article 383 ne détermine ni la nature ni la forme de ces actes, et l'article suivant suppose que la preuve des faits peut être consignée dans des attestations.

La preuve des pertes maritimes n'est pas astreinte aux formes rigoureuses du droit civil; elle est subordonnée aux circonstances essentiellement variables de la navigation, et, d'après Émérigon, il suffit des seules solennités du droit.

Cette jurisprudence est celle ci-dessus développée, police, art. 12, § 3.

C. de cass., 3 et 31 juillet et 3 août 1839.

24 1 53. 26 mars 23. Rejet. Caen, 26 juillet 19.

En droit, l'article 369 du Code de commerce donne à l'assuré la faculté de faire le délaissement, sans l'obliger de joindre en même temps l'action en paiement de l'assurance à la signification des pièces justificatives du chargement et de la perte, et aucune autre disposition du Code ne lui impose ces conditions; par suite, le délaissement peut être fait sans être accompagné à l'instant même d'aucune de ces conditions.

G. G. 25 88. 18 mai 24. Rej. Rouen, 3 janvier 23. *Suprà*, police, art. 12, § 3.

La preuve contraire est admissible contre le procès-verbal de visite qui a constaté que le navire était en excellent état de navigation.

27 2 245. Rennes, 24 août 24. Code de comm., 242, 246.

Mém. 1 202. Bordeaux, 31 déc. 36.

Le défaut de déclaration imposée par l'article 379 du Code de commerce n'emporte point la nullité du délaissement; il ne produit d'autre effet que de suspendre le délai dans lequel l'assuré peut exiger le paiement de la somme lui revenant, délai qui ne devient utile qu'au moment où il régularise et complète ce délaissement par la déclaration présente.

G. G. 29 57. Bordeaux, 27 janvier 29.

Le connaissement n'est pas la preuve exclusive du chargement des effets assurés; on y supplée légalement par une facture ou par la correspondance de l'assuré avec l'expéditeur. Les tribunaux, juges de la validité de ces sortes de justifications, peuvent n'avoir aucun égard aux pièces sur lesquelles on les fonde, quand elles ne leur paraissent pas sincères.

G. G. 30. Bordeaux, 24 juillet 30.

L'assureur qui stipule l'assurance d'une somme sur marchandises, sans aucune indication de la quantité de cette marchandise, est toujours en droit de réclamer la justification de la valeur servant d'aliment à l'assurance.

Pat. 31 100 du vol. 1ᵉʳ. Bordeaux, 25 janvier 31.

Les assureurs d'un navire assignés en règlement d'avaries ne peuvent exiger la communication préalable de toutes les pièces servant de preuves à ces avaries.

32 1 259. 4 janvier 32. Rejet. Aix, 4 avril 29. *Suprà*, police, art. 1, § 5.

En général, c'est à l'assuré qui veut délaisser à prouver que le sinistre est arrivé par *fortune de mer*, c'est-à-dire par *cas fortuit ou de force majeure*, et non à l'assureur qui repousse le délaissement à établir que le sinistre provient de la faute, imprudence ou négligence du capitaine ou de l'équipage.

Suprà, police, art. 1, § 9.

36 1 938. 29 juin 36. Rejet. Bordeaux, 29 janv. 34.

Bien qu'il soit dit dans une police d'assurance que l'assuré sur marchandises sera dispensé de rapporter le certificat de visite du navire, cependant, si l'assuré se trouve être en même temps propriétaire du navire, cette circonstance faisant présumer qu'il avait connaissance de l'état du bâtiment, il ne peut recourir contre les assureurs, à raison de la perte de ses marchandises, qu'*en prouvant* que le bâtiment était en bon état lors du départ.

38 1 679. 2 juillet 38. Rejet.

L'article 247, qui réserve aux parties intéressées *la preuve des faits contraires* à ceux consignés dans le rapport du capitaine qui a fait naufrage, suppose que c'est entre le capitaine et ceux auxquels il doit rendre compte que le débat s'élève. Il s'agit en effet, dans l'article 247, de savoir si les rapports sont admis à la décharge du capitaine, et l'article, en disant que « les rapports non vérifiés ne sont pas admis à la décharge du capitaine, » réserve la preuve contraire aux parties intéressées. C'est donc entre le capitaine et ses commettants que l'article 247 admet la preuve des faits contraires au rapport. L'article 384 s'applique au cas où la discussion s'élève entre l'assureur et l'assuré; il autorise l'assureur à faire la preuve contraire des faits consignés dans les attestations. Ainsi, dans le cas de l'article 247, si le capitaine, se fondant sur les faits consignés dans son rapport, exerce une réclamation, et veut repousser une prétention des armateurs, ses commettants, ceux-ci ont droit de faire la preuve contraire au rapport; et cela est de toute justice : on ne saurait, en effet, admettre que le capitaine peut se faire à lui-même un titre pour échapper à la responsabilité qu'il peut avoir encourue, ou pour appuyer une réclamation injuste. Par la même raison, dans le cas de l'article 384, lorsque l'assuré demande à l'assureur le paiement du sinistre constaté par les attestations, l'assureur peut offrir la preuve contraire. Le rapport du capitaine et les attestations de l'équipage sont des éléments de preuve; mais ces éléments ne sont pas contradictoires; ils émanent des agents ou préposés de l'assuré, et dès lors la loi a dû réserver à l'assureur la preuve contraire.

Mém. 7 112. Aix, 20 avril 42.

Le rapport du capitaine, visé par une autorité française, peut, quoique irrégulier, justifier la perte des objets que le capitaine s'était chargé de transporter, surtout lorsque le connaissement a été signé par le capitaine, avec cette clause « ne répondant pas des fortunes de mer, » et que, au lieu de l'arrivée, le consignataire n'a fait aucune protestation à raison de leur perte.

L. 45 456. Orléans, 7 janvier 45.

Il est universellement admis que le porteur d'une police d'assurance faite pour compte de qui il appartiendra, quand il est en même temps porteur du connaissement, a caractère pour suivre en justice les résultats de ladite assurance, soit par action d'avarie, soit par action en délaissement; seulement l'assureur à qui il demande paiement de la perte peut lui opposer des exceptions du chef du commettant dans l'intérêt de qui les marchandises ont été assurées.

L. 46 248. Bordeaux, 22 avril 45.

Si, en thèse générale, l'identité doit exister entre la police et les connaissements, il n'est pas interdit aux juges de rechercher si la non identité alléguée n'est pas plutôt apparente que réelle, et s'il ne ressort pas des faits de la cause que le changement matériel d'un nom n'a modifié en rien l'exécution de la convention.

10

L. 45 542.   Seine, 27 octobre 45.

Le procès-verbal d'experts régulièrement nommés pour constater des avaries fait foi de son contenu et ne peut être attaqué que par l'inscription de faux. En conséquence, l'assureur auquel on oppose ce procès-verbal à l'appui d'une demande en délaissement ne peut être admis à en combattre les faits par une enquête.

46 1 129. 24 nov. 45. Rejet. Aix, 9 mai 44.

Quand l'article 384 du Code de commerce admet les assureurs à faire la preuve des faits contraires aux actes justificatifs du chargement et de la perte du navire, la loi suppose que les assureurs, pour contester ces actes, articulent des faits, sinon justifiés, du moins plausibles, signalent les indices qui font naître leurs doutes, et les avis qui leur seraient parvenus.

Mém. 8 238.   Rouen, 11 décembre 43.

La présomption d'innavigabilité qui résulte de l'absence du procès-verbal de visite, prescrit par l'article 225 du Code de commerce, n'est pas de telle nature qu'elle ne puisse être détruite par la preuve contraire.

POLICE.

ARTICLE 25.

En cas de paiement de pertes ou d'avaries avant l'échéance du billet de prime, les assureurs peuvent déduire de l'indemnité due par eux le montant de ce billet, qui doit alors être admis comme comptant.

(Code civil, 1289 et suiv.)

ARTICLE 26.

En cas de non paiement de la prime, constaté par huissier, les assureurs ont la faculté d'exiger caution ou d'annuler l'assurance.

(Code civil, 2011 et suiv.)

CODE DE COMMERCE.

346.

Si l'assureur tombe en faillite lorsque le risque n'est pas encore fini, l'assuré peut demander caution, ou la résiliation du contrat.

L'assureur a le même droit en cas de faillite de l'assuré.

(Code civil, 2040 et suiv.)

JURISPRUDENCE.

29 1 28. 8 avril 28. Cass. Valenciennes, 24 août 25.

28 1 249. 1er juillet 28. Rej. Douai, 23 février 26.

Il faut, dans les contrats synallagmatiques, distinguer les clauses résolutoires qui sont exprimées au contrat, et celles qui ne sont que sous-entendues. Quant aux premières, la résolution s'opère de plein droit, et elles ont même, par leur nature, l'effet d'amener de suite la résolution du contrat, tant pour le passé que pour l'avenir. Il n'en est pas de même quant aux secondes : celles-ci n'opèrent pas la résolution de plein droit ; elles laissent subsister le contrat aussi longtemps que la résolution n'a point été demandée, en un mot, elles n'opèrent que sur l'avenir, sans influer sur le passé. Comme au cas actuel, la résolution n'a pas été stipulée pour le cas de la faillite, la résolution n'a pas pu être demandée, et n'a été demandée que sur le fondement des dispositions des articles 1184 du Code civil et 346 du Code de commerce: mais dans l'application de ces deux articles, en cas de faillite, soit de l'assuré, soit de l'assureur, la résolution du contrat d'assurance ne s'opère pas de plein droit; cette résolution doit donc être demandée et prononcée en justice; il suit de là que, « tant qu'elle n'est point demandée, elle subsiste. »

48 2 120.   Rennes, 7 février 48.

La mise en liquidation d'une société, ou compagnie d'assurance, n'autorise pas les assurés à se refuser au paiement des primes par eux dues, et à résoudre ainsi leurs contrats, tant que la compagnie fait honneur à ses engagements et que son insolvabilité n'est pas établie.   C. civil, 1184.

POLICE.

ARTICLE 27.

Il est convenu que le capitaine peut être reçu ou non reçu, ou remplacé par tout autre, et que la manière dont son nom est orthographié ne préjudicie pas à l'assurance.

CODE DE COMMERCE.

332.

§ 8.

Le contrat d'assurance exprime le nom du capitaine.

348.

Infrà, police, art. 29.

JURISPRUDENCE.

48 2 331.   Bordeaux, 20 mars 48.

La fausse indication du nom du capitaine dans une police d'assurance est une cause de nullité du contrat, nonobstant la clause que « le capitaine pourra être remplacé par tout autre reçu ou non reçu. »

Cette solution, vraie en principe, lorsque la fausse indication du nom du capitaine constitue une réticence, peut paraître par trop rigoureuse dans une espèce où l'arrêt ne relève aucune circonstance de fraude de la part de l'assuré. Tous les auteurs reconnaissent que l'erreur dans le nom du capitaine n'est pas une cause nécessaire de la nullité de la police.

Voyez Émerigon, chapitre VII, section 3.

Pothier, *des Assurances,* n° 107.

Pardessus, *ibid.,*   n° 108.

Massé, *Droit comm.,* tome IV, n° 66.

Il résulte de l'opinion de ces auteurs que « l'erreur sur le nom du capitaine n'est une cause de nullité de la police que lorsqu'elle est de nature à influer sur l'opinion du risque. »

34 1 484.   4 juin 34.   Rejet.   Rennes, 10 août 29.

A côté de l'homme investi des pouvoirs inaliénables qui tiennent à l'ordre public, l'armateur peut placer un subrécargue à qui il confie exclusivement la gestion de la cargaison et la direction du voyage.

POLICE.

ARTICLE 28.

Les assureurs et les assurés, chacun en ce qui le concerne, s'engagent à se conformer aux lois et règlements maritimes en vigueur en ce qui n'y est pas dérogé par la présente police.

POLICE.

ARTICLE 29.

La présente assurance est faite sur bonnes ou mauvaises nouvelles, pour être exécutée franchement et de bonne foi, les parties renonçant à la lieue et demie par heure.

CODE DE COMMERCE.

348.

Toute réticence, toute fausse déclaration de la part de l'assuré, toute différence entre le contrat d'assurance et le connaissement, qui diminueraient l'opinion du risque ou en changeraient le sujet, annullent l'assurance.

L'assurance est nulle, même dans le cas où la réticence, la fausse déclaration ou la différence n'auraient pas influé sur le dommage ou la perte de l'objet assuré. (357, 365, 380.)

365.

Toute assurance faite après la perte ou l'arrivée des objets assurés, est nulle, s'il y a présomption qu'avant la signature du contrat, l'assuré a pu être informé de la perte, ou l'assureur de l'arrivée des objets assurés. (348, 366, 368.)

366.

La présomption existe, si, en comptant trois quarts de myriamètre (une lieue et demie) par heure, sans préjudice des autres preuves, il est établi que de l'endroit de l'arrivée ou de la perte du vaisseau, ou du lieu où la première nouvelle en est arrivée, elle a pu être portée dans le lieu où le contrat d'assurance a été passé, avant la signature du contrat. (C. civil, 1350, 1352.)

367.

Si cependant l'assurance est faite sur bonnes ou mauvaises nouvelles, la présomption mentionnée dans les articles précédents n'est point admise.

Le contrat n'est annulé que sur la preuve que l'assuré savait la perte, ou l'assureur l'arrivée du navire, avant la signature du contrat. (368.)

368.

En cas de preuve contre l'assuré, celui-ci paie à l'assureur une double prime.

En cas de preuve contre l'assureur, celui-ci paie à l'assuré une somme double de la prime convenue.

Celui d'entre eux contre qui la preuve est faite, est poursuivi correctionnellement. (109. — C. civil, 1348. — C. de proc., 405.)

JURISPRUDENCE.

1 693.   Bordeaux, 4 fructidor 8.

Si l'une des parties a usé de dol et d'artifice, la moindre peine qu'elle doive encourir, c'est que l'assurance soit déclarée nulle à son égard. (Articles 22 et 31 de l'ordonnance de 1681, au titre *des Assurances.*)

On est coupable de dol, non-seulement lorsque, pour se procurer des assureurs ou pour les inciter à se contenter d'une moindre prime, l'on affirme, ou l'on fait entendre des faits contraires à la vérité, mais encore lorsqu'on dissimule des circonstances graves qu'il leur eût importé de connaître avant de souscrire la police.

Pothier, *Assurances*, n° 194.

7 2 789. 2 août 08. Rejet. Bordeaux.

Il faut qu'il y ait *recélé*, ce qui signifie *réticence frauduleuse* d'assurance, pour priver les assurés de la faculté de faire le délaissement.

16 2 117.   Aix, 8 octobre 13.

16 2 116.   » 28 juin 13.

Mém. 7 290.   Marseille, 29 juillet 42.

Dans une assurance sur bonnes ou mauvaises nouvelles, c'est à l'assureur qu'incombe la charge de prouver que l'assuré était instruit de la perte du navire au moment où il a commis l'assurance : des inductions sont impuissantes à établir un fait aussi grave de fraude et de dissimulation.

50 2 181.   Bordeaux, 28 août 29.

L. 43 340.   » 26 déc. 42.

» 43 95.   Nantes, 18 février 43.

» 45 456.   Orléans, 7 janvier 45.

48 2 524.   Douai, 19 février 48.

La loyauté et la franchise la plus complète sont les conditions les plus essentielles du contrat d'assurance. Celui qui demande à se faire assurer doit révéler tout ce qu'il sait sur la position de son navire, afin que l'assureur puisse apprécier l'étendue du risque qu'on lui présente. Il y a réticence dans l'acception légale du mot, soit que l'assuré dissimule volontairement, soit qu'il néglige par inadvertance de déclarer quelque circonstance qu'il importe à l'assureur de connaître avant de signer la police. L'article 348 consacre sur ce point les véritables principes de l'ancienne jurisprudence.

27 1 372. 21 déc. 26. Rejet. Paris.

35 1 179. 24 fév. 35. Rejet. Aix, 30 décembre 35.

Il est dans les attributions exclusives des juges du fond de décider, d'après les circonstances de la cause, si, dans un contrat d'assurance, il y a eu réticence de la part de l'assuré.

27 1 127. 15 fév. 26. Rejet. Caen, 25 juin 25.

35 1 804. 25 mars 35. Rej. Aix, 30 août 33.

Mém. 8 455. Paris, 26 novembre 43.

L. 44 210. » 29 » 43.

La communication par l'assuré à l'assureur du connaissement des marchandises assurées donne à l'assureur une connaissance suffisante de l'époque probable du départ du navire. L'assureur ne peut pas prétendre, en pareil cas, que, l'assuré ne lui ayant pas donné avis du jour précis du départ, et ne lui ayant pas fait part des inquiétudes que ce retard du navire lui causait, a commis une réticence de nature à annuler le contrat.

G. G. 27. Bordeaux, 26 avril 27.

Celui qui, en assurant un navire, dissimule à l'assureur la nouvelle qu'il a reçue du départ de ce navire, commet une réticence qui entraîne la nullité de l'assurance.

30 2 79. Aix, 9 février 30.

Le silence gardé par l'assuré sur cette circonstance connue de lui, au moment de l'assurance, que deux navires partis du même lieu quatre jours avant le sien étaient arrivés depuis deux jours, constitue une réticence dans le sens de l'article 348 du Code de commerce, entraînant l'annulation de l'assurance, alors d'ailleurs que le lieu du départ et celui de la destination du navire sont peu éloignés l'un de l'autre.

Pat. 35 190. Bordeaux, 7 avril 35.

Il n'est pas nécessaire qu'il y ait eu mauvaise foi de la part de l'assuré pour faire annuler l'assurance, dans le cas de réticence prévu par l'article 348 du C. de commerce : il suffit que le fait dont la connaissance n'a pas été donnée à l'assureur fût de nature à influer sur l'opinion du risque et à ne pas en faire connaître toute l'étendue à l'assureur.

Mém. 7 297. Paris, 6 décembre 42.

N'est pas recevable à faire le délaissement l'assuré qui avait connaissance, lorsqu'il a donné l'ordre de faire assurer le navire, d'une tempête qui avait fait périr un grand nombre de bâtiments dans les parages où devait se trouver le navire assuré, et qui n'a pas compris cette connaissance dans ses instructions. Il y a là réticence, encore bien que la perte du navire n'ait été positivement portée à sa connaissance que postérieurement à l'ordre donné de faire assurer.

Mém. 7 371. Paris, 5 janvier 43.

En matière d'assurance pour un temps de navigation déterminé, il y a réticence, entraînant l'annulation du contrat, dans le fait par l'assuré d'avoir, antérieurement à l'assurance, donné l'ordre au capitaine du navire assuré de partir pour un port voisin, et de n'en avoir pas instruit la compagnie d'assurance, encore qu'il n'eût reçu depuis aucune nouvelle du navire.

L. 44 287. Seine, 27 mai 44.

Il ne suffit pas que le retard éprouvé par un navire ait été publié dans un journal au moment de l'assurance du chargement de ce navire, et que l'assuré ait p u avoir connaissance de l'article de ce journal, pour donner lieu à l'accusation de réticence; il faut que l'assureur prouve contre l'assuré que celui-ci a eu réellement connaissance du sinistre par des renseignements personnels avant la signature de la police.

46 2 147.

Paris, 1er avril 45.

La dissimulation par l'assuré de la faculté de faire échelle dans un port intermédiaire est une réticence donnant lieu à l'annulation de l'assurance, si cette relâche était de nature à augmenter l'opinion des risques, et cela, encore bien que les dommages arrivés aient eu lieu dans la ligne que, d'après la police d'assurance, le navire avait le droit de suivre.

L. 45 520.

Seine, 9 octobre 45.

La preuve d'une réticence consistant dans le fait d'avoir demandé une assurance après la nouvelle connue du sinistre, peut résulter du refus de l'assuré de communiquer, soit l'ordre d'assurer, soit sa correspondance, si surtout cette présomption est corroborée par les autres circonstances et documents de la cause.

L. 47 384.

Seine, 21 juillet 47.

L'assurance d'un chargement sur un navire déclaré neuf, alors qu'il était construit depuis longtemps et qu'il avait subi des réparations considérables, est nulle, une pareille déclaration constituant une réticence; surtout si l'assureur, voyant sur le livre *Veritas* qu'un navire de même nom était coté vieux et offrait peu de confiance, n'a pris l'assurance qu'eu égard à la déclaration que le navire assuré était neuf.

CODE DE COMMERCE.

TITRE QUATORZIÈME.

FINS DE NON RECEVOIR.

435.

Sont non recevables,

Toutes actions contre le capitaine et les assureurs, pour dommage arrivé à la marchandise, si elle a été reçue sans protestation;

Toutes actions contre l'affréteur, pour avaries, si le capitaine a livré les marchandises et reçu son fret sans avoir protesté;

Toutes actions en indemnité pour dommages causés par l'abordage dans un lieu où le capitaine a pu agir, s'il n'a point fait de réclamation. (221 et suiv., 332 et suiv., 401, 404, 407, 436.)

436.

Ces protestations et réclamations sont nulles, si elles ne sont faites et signifiées dans les vingt-quatre heures, et si, dans le mois de leur date, elles ne sont suivies d'une demande en justice. (Proc., 1033.)

Pour la jurisprudence : *Suprà*, 397, 398 et 399, aux Avaries.

FIN.

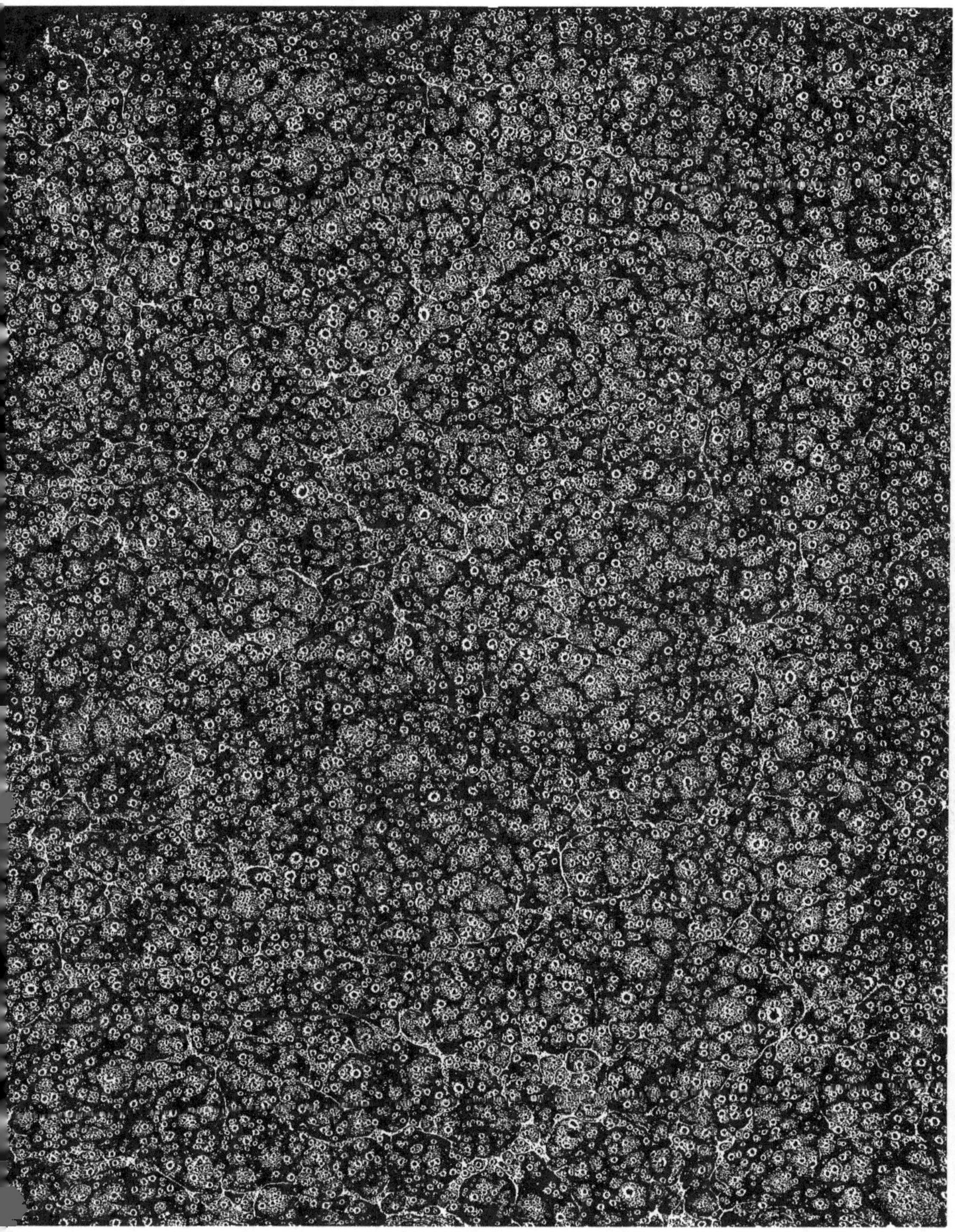